中 华 国 学 文 库

坛 经 校 释

〔唐〕慧 能 著

郭 朋 校释

中 华 书 局

图书在版编目(CIP)数据

坛经校释/(唐)慧能著;郭朋校释. —北京:中华书局,2012.3
(2025.4 重印)
(中华国学文库)
ISBN 978-7-101-08013-1

Ⅰ.坛⋯ Ⅱ.①慧⋯②郭⋯ Ⅲ.①禅宗-佛经-中国-唐代
②坛经-注释 Ⅳ.B946.5

中国版本图书馆 CIP 数据核字(2011)第 101267 号

书　　　名	坛经校释
著　　　者	〔唐〕慧　能
校 释 者	郭　朋
丛 书 名	中华国学文库
责任编辑	高　天　刘浜江
责任印制	管　斌
出版发行	中华书局
	（北京市丰台区太平桥西里 38 号　 100073）
	http://www.zhbc.com.cn
	E-mail:zhbc@zhbc.com.cn
印　　　刷	河北新华第一印刷有限责任公司
版　　　次	2012 年 3 月第 1 版
	2025 年 4 月第 9 次印刷
规　　　格	开本/880×1230 毫米　1/32
	印张 6⅞　插页 2　字数 130 千字
印　　　数	25501-27000 册
国际书号	ISBN 978-7-101-08013-1
定　　　价	28.00 元

中华国学文库出版缘起

《中华国学文库》的出版缘起，要从九十年前说起。

1920 年，中华书局在创办人陆费伯鸿先生的主持下，开始编纂《四部备要》。这套汇集三百三十六种典籍的大型丛书，精选经史子集的"最要之书"，校订成"通行善本"，以精雅的仿宋体铅字排印。一经推出，《四部备要》即以其选目实用、文字准确、品相精美、价格低廉的鲜明特点，最大限度地满足了国人研治学问、阅读典籍的需要，广受欢迎。丛书中的许多品种，至今仍为常用之书。

中华人民共和国成立之后，党和国家倡导系统整理中国传统文献典籍。六十馀年来，在新的学术理念和新的整理方法的指导下，数千种古籍得到了系统整理，并涌现出许多精校精注整理本，已成为超越前代的新善本，为学界所必备。

同时，随着中华民族以前所未有的自信快速发展，全社会对中国固有的学术文化——国学，也表现出前所未有的关注和重视。让中华文化的优秀成果得到继承和创新，并在世界范围内进行传播和弘扬，普惠全人类，已经成为中华民族的历史使命。当此之时，推出符合当代国民阅读需要的权威的国学经典读本，实为当务之急。于是，《中华国学文库》应运而生。

《中华国学文库》是我们追慕前贤、服务当代的产物，因此，它自当具备以下三个基本特点：

一、《文库》所选均为中国学术文化的"最要之书"。举凡哲学、历史、文学、宗教、科学、艺术等各类基本典籍，只要是公认的国学经典，皆在此列。

二、《文库》所选均为代表当代学术水平的"最善之本"，即经过精校精注的整理本。其中既有传统旧注本的点校整理本，如朱熹《四书章句集注》，也有获得学界定评的新校新注本，如余嘉锡《世说新语笺疏》。总之，不以新旧为别，惟以善本是求。

三、《文库》所选均以新式标点、简体横排刊印。中国古籍向以繁体竖排为标准样式。时至当代，繁体竖排的标准古籍整理方式仍通行于学术界，但绝大多数国人早已习惯于现代通行的简体横排的图书样式。《文库》作为服务当代公众的国学读本，标准简体字横排本自当是恰当的选择。

中华书局自 1912 年成立，至今已近百岁。我们将《中华国学文库》当作向中华书局百年诞辰敬献的一份贺礼，更是向致力于中华民族和平崛起、实现复兴大业的全国人民敬献的一份厚礼。我们自当努力，让《中华国学文库》当得起这份重任，这份荣誉。

中华书局编辑部
2010 年 12 月

出版说明

　　《坛经校释》自一九八三年出版以来，受到学界和读者的充
分关注，影响广泛。但由于当时条件限制，校释者郭朋先生未
能目睹敦煌出土的《坛经》写本，只能以日本铃木贞太郎和公田
连太郎的校订本为底本，因而在经文录文、释读等方面出现一
些问题。借这次重印的机会，我们主要参考斯五四七五号《坛
经》写本对经文做了校勘，并酌情吸收了读者的纠谬意见，对全
书做了一定的修改。由于郭朋先生作古多年，我们无从全面修
订，再加上水平有限，书稿不当或错误之处仍在所难免，望读者
不吝赐教。

中华书局编辑部

2023 年 5 月

目　录

序　言

一

按照佛教的传统说法,佛教的禅宗,是由<u>印度</u>传来的。在<u>印度</u>,自<u>摩诃迦叶</u>以至<u>菩提达磨</u>,"师资相承",二十八代,这就是所谓的"西天二十八代"祖师说。在<u>中国</u>,自菩提达磨以至<u>慧能</u>,"师资相承",共有六代,这就是所谓的"东土六代"祖师说(所以<u>慧能</u>被称为"六祖")。其实,这种说法,只不过是一种宗教传说而已。核实而论,<u>中国</u>佛教的禅宗,是由慧能创始的;<u>慧能</u>以前,只有禅学,并无禅宗(因而,通常所谓禅宗中的"南宗""北宗"之说,也只不过是一种习而不察的传说而已。对此,可以参看拙著<u>隋唐佛教</u>第四章第四节)。

<u>慧能</u>(六三八——七一三)创立了禅宗,而慧能之后,禅宗却又有了很大的发展和演变。<u>慧能</u>之禅,朴质无文,不加缘饰,径直倡导"明心见性",亦即所谓"直指人心""见性成佛"。<u>慧能</u>之后的禅宗,虽仍讲究"明心见性",却平添了许多枝蔓。

<u>晚唐</u>、<u>五代</u>的禅宗五家,虽也都以"明心见性"相标榜,但却

1

宗风不同，门庭各异。"机锋""棒喝"之类饱含蒙昧主义的东西，随着五家的兴起而逐渐取代了慧能之世的比较朴素的"直指"。禅宗思想及其宗风，于是为之一变。

入宋之后，儒士、文僧向禅者多，不仅语录日繁，而且大型灯录也相继出现。"不立文字"的禅宗，一变而为"不离文字"的禅宗。禅宗思想及其宗风，于是又为之一变。与此同时，又出现了所谓"拈古""颂古"——以"拈""颂"古代的各种"公案"（总数号称"千七百则"，一般"拈""颂"者则为"百则"），取代了"直指"与"参究"。禅宗思想及其宗风，于是又为之一变。北宋克勤创作评唱，致使禅宗由"直指人心"而演变到"绕路说禅"（克勤语）。禅宗思想及其宗风，于是又为之一变。南宋宗杲提倡"看话禅"（"参话头"——禅宗之"参话头"，并非始于宗杲，宗杲只不过是加意提倡而已），把禅宗引向了更加蒙昧主义的道路。禅宗思想及其宗风，于是又为之一大变。

元、明、清代，禅宗的主要流派，虽然仍在勉强维持其门庭，但多是在步前人后尘，拾古人馀唾，陈陈相因，每况愈下。甚至变"参"禅为"念"禅（变"参"话头为"念"话头），终而至于由禅入净（完全走向慧能禅的反面），徒有禅名。

所以，慧能创立了禅宗，但他并不等于禅宗；同样，禅宗是由慧能创立的，但它也绝不等于慧能。两者之间，在其基本思想上，即世界观上的"真心"一元论——"真如缘起"论，解脱论上的"佛性"论，宗教实践上的"顿悟"思想，是大致相同的。但是，如上所述，随着时移势易，两者之间却又有着许多的不同。这些不同，正标志着慧能以后禅宗的发展和演变。

二

　　禅宗提倡的"直指人心""见性成佛"思想的理论根据,是解脱论上的"佛性"论。所谓"佛性"论,就是认为"一切众生,皆有佛性",一切众生都能成佛。而且,禅宗还认为:只要"见性",便可"顿入佛地"。这也就是所谓的"顿悟"说。虽然<u>中国</u>佛教的其它各宗(除三论宗和唯识宗)也都讲究"一切众生,皆有佛性",但是,"顿悟"成佛说,却是禅宗所特有的思想。从世界观的角度说来,这一思想,又表现为"真心"一元论——"真如缘起"论:永恒的、绝对的、无所不在、灵明不昧的"真如"——"真心",是世界本原、宇宙实体。世界上的一切,都是由它派生(缘起)的(这一思想,也是除三论宗、唯识宗之外其它各宗所共有的)。由于一切都是由"真如"派生的,所以,举一切的万事万物,本身就是"真如"。所谓"青青翠竹,尽是法身;郁郁黄花,无非般若",便是这一思想的具体反映(后期禅宗的泛神论思想,正是这一思想发展的必然结果)。禅宗的这一基本思想,也就是<u>慧能</u>(以及<u>坛经</u>)的思想。

　　在谈及<u>慧能</u>的思想时,人们多习惯于把他同<u>金刚经</u>联系在一起。这是因为,据说,<u>慧能</u>在见<u>弘忍</u>以前,曾经听到过有人念诵金刚经,而且,"慧能一闻,心明便悟"(<u>法海本坛经</u>第二节)。而在<u>弘忍</u>向他传法时,又向他念诵了一遍金刚经,以为"印心"之证。因此,人们认为,<u>慧能</u>的思想,也就是<u>金刚</u>的思想——至少,<u>金刚</u>思想同<u>慧能</u>思想有着密切关系,在<u>慧能</u>思想里,有着很大的金刚思想的成分。其实,这不过是一种习而不察的历史误会。因为,金刚乃般若系经典,它的思想,世界观上,是"性空缘起"论;思想核心,是"一切皆空"。在般若(三论)系的经典看来,什么都是空的。他们甚至认为,光讲一个"空"字还嫌不够,他们可以一口气讲出十八个"空"来:"内空,外空,内外空,空空,大空,第一义空,有为空,无为空,毕竟空,无始空,散空,性空,自性空,诸法空,不可得空,无法空,有法空,无法有法空。"(详见智论第二〇、第三一等卷。在大品般若里,还有"二十空"之说,前九空相同,后十一空是:无际空、散空、无变异空、本性空、自相空、共相空、一切法空、不可得空、无性空、自性空、无性自性空。)在这"十八空"里,内、外等"空",可说是"空"的现实世界;而第一义、无为等"空",则是"空"的彼岸世界——这也正是大品般若所说的:"若当有法胜于涅槃者,我说亦复如幻如梦!"(幻听品)其实,所谓"十八空"(或"二十空")也者,不过是一些烦琐之谈,一言以蔽之,则"一切皆空"四字足矣。总之,般若系的"空",是一种全称否定,是一"空"到底,没有任何保留的。

而慧能的思想,在世界观上,他是一位"真心"一元论——"真如缘起"论(它与"性空缘起"论是针锋相对的)者;解脱论上,他是一位"佛性"论者;宗教实际上,他则是一位"顿悟"思想的倡导者。这一思想,来源于各种宣扬这类教义的大乘经典。例如,在大讲佛性论的大般涅槃经里,居然也能一口气讲出十一种"空"来:"'世尊!云何名空?''善男子!空者,所谓内空,外空,内外空,有为空,无为空,无始空,性空,无所有空,第一义空,空空,大空。'"(梵行品)光从字面上看,好像同智论(大品)讲的差不多,但其命意,却大不相同。请看涅槃对于"内空"的解释:"菩萨摩诃萨(按:"菩萨摩诃萨"全称应为"菩提萨埵摩诃萨埵"。"菩提萨埵",义为"觉有情";"摩诃萨埵",义为"大有情"。"菩萨摩诃萨",意即"大菩萨")云何观于内空……是内法空,谓无父母、怨亲……所有财物;是内法中虽有佛性,而是佛性非内非外。所以者何? 佛性常住,无变易故。是名菩萨摩诃萨观于内空。""外空""内外空",亦复如是。而且,涅槃还特别强调:"唯有如来、法、僧、佛性,不在二空。何以故? 如是四法,常、乐、我、净,是故四法不名为空。"再看它对于"无为空"的解释:"云何菩萨摩诃萨观无为空……佛(法、僧、佛性)等四法,非有为,非无为:性是善故,非无为;性常住故,非有为。是名菩萨观无为空。"可以看出,涅槃讲"空"是有限制的,它所"空"的,只是一些世俗事物;至于"佛性"(甚至佛、法、僧三宝),则是"常、乐、我、净",是"不名为空"的。可见,涅槃一类的大乘经典所讲的"空",只是一种特称否定;也就是说,它只空现象,不空本体。彼岸性的本体,是"常、乐、我、净"的,是绝不能"空"的。慧能所承受的,正是这种思想(而绝不是什么"一切皆空"的般若思想)。他初见弘忍时的答问,他那"佛性常清净"的得法偈语,以及贯穿于全部坛经的"真心"一元论——"佛性"论思想,都清楚地表明了他的这一思想特点。必须指出,般若空宗,同涅槃一类经典的佛性论思想,是分属于性质不同的两种思想体系的,绝不能把这两者混同起来,如果把它们混同起来,那就等于混同"空""有"两宗!

那么,慧能在其坛经里,不是确也一再地援引金刚般若来向他的弟子们说法吗? 这又应该作何解释? 这并不难解释。慧能之与金刚,用慧能的话说,那是慧能转金刚,而不是金刚转慧能。也就是,慧能是在用他的"佛性"论思想来理解金刚,是"我注金刚",而不是"金刚注我"。他是在以"有"解"空",化

"空"为"有"（这种情况，在佛教史上是不乏先例的。较突出的，如天台之释三论，玄奘之会有、空）；是金刚慧能化，而不是慧能金刚化。就拿为后人所窜改的"本来无一物"这句偈语来说罢，千百年来，人们认为这就是慧能的思想。其实，只能说它是被误解了的般若思想，而绝不能说它是慧能的思想。我们说"本来无一物"这句偈语所反映的，是被误解了的般若思想，是因为所谓"本来无一物"，其实不过是"本无"思想的重复：而"本无"一词，乃是"性空"一词的不确切的译语，它是初期译经中受了老庄（以及玄学）思想影响的产物。因为，"性空"是说宇宙万有只有假象，并无"自性"，亦即所谓"缘起有，自性空"——"缘起性空"。它比较准确地表达了般若系的基本思想。而"本无"一词，就易使人产生误解，以为它是主张什么都没有（同时，它又容易令人把"无"误解为"本体"——所谓"无在万化之前""从无出有"等说法，便是这种误解的表现）。其实，般若系所空的，只是事物的"自性"（本体、体性），至于事物的现象，它是承认其为"缘起有"（假有）的。所以，晋代般若系的"六家七宗"中主张"无在有先""有在无后"的"本无宗"，就受到了罗什门下僧肇的批评："本无者，情尚于无，多触言以宾无……此直好无之谈，岂谓顺通事实，即物之情哉！"（肇论不真空论）本来，自从鸠摩罗什译出般若、三论系的经论之后，"性空缘起"之说，已逐渐为人们所了解，而带有时代错误的"本无"说，也已不再为人们所奉持了。不料，这种由于误解而产生的思想，竟又出现在坛经里。它不仅是同"佛性"论思想背道而驰的，而且也是同般若系的"性空"之说不相符合的。可见，坛经的首窜者，不仅不了解"佛性"论，而且也不了解"性空"说。

至于"本来无一物"这句话，早在宋代就已有人对它提出过非议了。宋代禅僧黄龙悟新，曾经直截了当地讽刺慧能（因为悟新也误信这句话真的是慧能说的了）说："六祖当年不丈夫，倩人书壁自涂糊。明明有偈言'无物'，却受他家一钵盂!"（见宗杲正法眼藏卷一。详见拙著宋元佛教第一章第四节宋代禅宗）悟新讽刺慧能：一方面倩人书偈，宣称"本来无一物"，而同时却又接受弘忍传授给他的一只钵盂（这也是据晚出的坛经而说的），难道这钵盂不也是"一物"吗？另一禅僧法演还说过："有物先天地，无形本寂寥，能为万象主，不逐四时凋。"（古尊宿语录卷二二，详见拙著同上书）"有物先天地"，这不也是同"本来无一物"的思想针锋相对的吗？明代的名僧真可，曾明确宣称：佛门并非"空门"。他说："世之不知佛、菩萨心者，于经论中见其炽然谈空，遂谓佛以空为道，榜其门曰'空门'。殊不知众生'有'病若愈，则佛、菩萨之'空'药亦无所施；'空'药既无所施，又以妙药治其'空'病。然众生胶固根尘之习，虽赖'空'药而治，'空'病一生，苟微佛、菩萨之妙药，则'空'病之害，害尤非细。世以佛门为'空门'者，岂真知佛心哉？"（见紫柏全集卷一）"'空'病之害，害尤非细。"这就是说，如果执认佛门为"空门"，其为害也，甚于执"有"！明代的另一名僧德清，还提出了"空非绝无"的命题。他说："所谓空，非绝无之空，正若俗语谓'傍若无人'，岂傍真无人耶？第高举著眼中不有其人耳……佛说'空'字，乃破世人执著以为实有之谓，非绝无、断灭之谓也……是所无者妄心耳，岂绝无真心哉！何以为妄心耶？境执著不化者是；何以为真心？不取身心境界之相，了了常知，灵然寂照者是……斯则但情不附物，物岂碍人？物既不能碍人，人又何碍于物耶?"（见憨山梦游全集卷一二示周子寅）"所无者妄心耳，岂绝无真心哉"，这清楚地表明了，佛教（自然是主张"真心"一元论——"佛性"论的大乘佛教）所谓的"空""无"，只是就"妄心"（应该还有"妄境"）而说的；若夫"真心"（以及"真境"），则绝非"绝无"的。明乎此，则物、我无碍，人、物交融，处染常净，其乐无穷。可以看出，悟新、法演、真可、德清所表达的这种观点，正是从慧能那里一脉相承下来的"真心"一元论——"佛性"论的观点。单就这一根本之点说来，自慧能以至后来的禅宗各家，确乎是基本相同的。虽然有人对这一思想妄加窜改，而且还产生了颇为广泛的、混淆视听的影响，但是，他们并不能从根本上做到这一点。因为，时移势易，般若的虚无主义思想，在中国的古代社会里，没有得以滋生的适宜土壤（除了魏晋之际，也正是由于时代的原因，它曾一度同玄学思想互相影响而得到一个时期的传播），隋唐之后，尤其如此。慧能及其禅宗之所以能够传之长久，正是由于他们所宣扬的那一套"真心"一元论——"佛性"论思想适应了时代的需要！

这里，需要顺便说明一个问题。历来传说，自达磨以至道信，都是以楞伽印心；到了弘忍，改成了以金刚印心。其实，这都不过是一些宗教传说而已，并不一定确是史实。为了说明问题，让我们从神会语录里节引一些资料，以资参证。在神会语录（据铃木贞太郎、公田连太郎校订本）第五〇至五五节里，有如下的记载："达摩大师乃依金刚般若经，说如来知见，授与慧可……大师云：'金刚经一卷，直了成佛。汝等后人，依般若观门修学，不为一法，便是涅槃；不动身心，成无上道。'""北齐可禅师……时年四十，奉事达磨，经于九年，闻说金刚般若波罗经,言下证如来实无有法即佛菩提。""于时璨禅师(按:"璨",系"璨"字的俗写)奉事,首末六年,依金刚经,说如来知见,言下便悟;受持、读诵此经,即为如来知见。""于时信禅师,年十三,奉事经九年,师依金刚经,说如来知见,言下便证实无有众生得灭渡者。""于时忍禅师,年七岁,奉事经三十馀年,依金刚经,说如来知见,言下便证最上乘法,悟寂灭忍。""于时能禅师,奉事经八个月,师依金刚经,说如来知见,言下便证……能禅师过岭至韶州,居漕溪,来住(按:"住",疑当作"往")四十年,依金刚经,重开如来知见。四方道俗,云奔雨至,犹如月轮处于虚空,顿照一切色像。"按照这一说法,则从达磨以至弘忍,都是"依金刚经,说如来知见"。原来流传的那种以楞伽相传授的说法,就这样被轻易地否定了。胡适据此得出结论说:"神会很大胆的全把金刚经来替代了楞伽经。楞伽宗的法统是推翻了,楞伽宗的'心要'也掉换了。所以慧能、神会的革命,不是南宗革了北宗的命,其实是一个般若宗革了楞伽宗的命。"(见胡适论学近著第一集上册楞伽宗考一文的结尾)根据神会(或者神会系统的人)的虚构,胡适还虚构出了一个"般若宗"(和"楞伽宗")。慧能的禅宗,居然变成了"般若宗"! 如果说神会是"很大胆"的话,那么,胡氏也够"很大胆"的了! 这些"很大胆"的神话,向我们表明:原来的那种楞伽印心说,固然只不过是一种宗教传说;而后来的那种金刚印心说,同样也不过是一种宗教传说而已!

三

禅宗,不但在中国佛教史上,而且在中国哲学史上,都具有着重要地位和深远影响;而坛经,则可说是禅宗的"宗经"——

禅宗的基本理论阵地，于此可以想见坛经在禅宗史（以及佛教史、哲学史）上所具有的非同寻常的地位和影响。

人们知道，慧能去世之后，坛经几经窜改，因此，也就相继出现了几种不同本子的坛经。

胡适在其坛经考之一里说："我曾细细校勘坛经各本，试作一图，略表坛经的演变史"（见胡适论学近著第一集上册，页二九九）：

坛经古本 ———————（一〇五六） （一二九一）
（敦煌写本） 宋至和三年 元至元辛卯
———契嵩三卷本〔1〕——宗宝增改本——明藏本
曹溪大师别传

在这个图（其实，它是表而不是图）里，明藏本，只是一种不同的版本，并非独立的坛经本子（而且，明藏本坛经并非一种，只提明藏本，也太笼统。同时，胡适又说："明藏本即是契嵩改本。"则所谓明藏本也者，其实就是指的契嵩本。如此，不称契嵩本而称明藏本，尤为不妥）。曹溪大师别传也不能同坛经并列，因为它并不是一种不同本子的坛经。剩下的，就是敦煌写本（法海本）、契嵩本和宗宝本的三种不同本子的坛经了。其实，除此之外，还有一个被胡适称之"是人间第二最古的坛经"（坛经考之二，见同上书页三〇九）的"惠昕真本"坛经，胡氏却没有把它列入"图"内。在为表明坛经的演变史而作出的几种不同本子的坛经的图表里，竟然没有"人间第二最古的"惠昕本

10

————————————

〔1〕 胡氏此说，乃是根据宋郎简六祖坛经序里所说的"更二载，嵩果得曹溪古本，校之，勒成三卷"而言。但现存的契嵩本坛经，只有一卷，三卷本的契嵩本坛经，人们没有见过，恐怕连胡适本人也不曾见过。

坛经,这不能不说是一种严重疏漏。

印顺法师在其中国禅宗史[1]第六章坛经之成立及其演变第三节坛经的变化里说:"坛经的各种本子,从大类上去分,可统摄为四种本子:敦煌本,古本,惠昕本,至元本。"(页二七二)敦煌本,即敦煌写本,亦即法海本。印顺说它虽"已不是坛经原型"(页二四七),但却是坛经"现存各本中最古的"(页二六六);特别是关于慧能事迹的记载,"最为古朴"(页二七七)。而所谓"古本",则"一定是将别传的传说,编入坛经而成。同时,慧能与弟子的问答机缘,传说在当时的,也采录进去,成为繁杂的古本……这虽被称为'古本',而成立的时代,要比敦煌本(七八〇—八〇〇),别传(七八一),宝林传(八〇一)迟些。"(页二七八)这一"古本",是从古人记述中知道其存在的(页二七六)。惠昕本,系"参考古本而改编成的",它"所依的底本,近于敦煌本"(页二七四)。至元本,实则包括德异本和宗宝本。在这四种本子里,没有契嵩本(但在叙述中,却也谈到了契嵩校改坛经的事实)。

日本学者忽滑谷快天在其禅学思想史(上卷)第十一章六祖慧能与其宗风第二节坛经三本之不同里,根据宗宝本坛经跋中所说的"续见三本不同"的话,也提到了"坛经三本之不同",却未具体说明这三本坛经究何所指。

另一位日本学者宇井伯寿在其禅宗史研究一书的第一章坛经考里,表列坛经有十八九种之多,其中,除西夏语译本系一译本之外,绝大部分都不过是一些不同版本或校改、传抄本,真

---

[1] 早已闻知中国禅宗史问世,却始终无缘读到。近承中国社会科学院世界宗教研究所罗炤同志代为辗转从上海社会科学院宗教研究所业露华同志处借得一册,捧读之馀,获益良多!

正独立的坛经本子，仍不外乎敦煌本（法海本）、惠昕本、契嵩本和宗宝本这四种本子。宇井氏还指出：在现今的坛经里，大体可以分为敦煌本、惠昕本、德异本——宗宝本的三个系统。其中，德异本（又称延祐寺本），宇井说它"亦即曹溪原本"。其实，所谓德异本者，不过是契嵩本的又一种传抄本而已[1]。则"三个系统"云者，实则应为四个系统。

日本还有一种被称为"真福寺本坛经"（它是由伊藤隆寿氏在日本真福寺文库里发现的），它其实不过是惠昕本坛经的又一种刊本。石井修道氏在为发表这本坛经所作的介绍中，提出了如下的"六祖坛经异本系统图"（见伊藤隆寿氏发现之真福寺文库所藏之六祖坛经之绍介一书页八〇）：

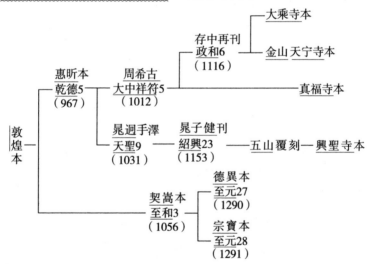

————————

〔1〕 近承中国社会科学院世界宗教研究所杨曾文同志以在日本复制的德异本坛经一册见赠，经核对，方才知道它完全是契嵩本坛经的一种传抄本。笔者在撰写坛经对勘时，因尚未曾见到这个本子，所以不知道它究属何本；现在见到它的复制本，知道了它并非独立的坛经本子。

这个图表里所列的坛经本子,共达十四种之多。其实,真正独立的坛经本子,仍不外乎敦煌本(法海本)、惠昕本、契嵩本和宗宝本这四种本子;其馀的,都不过是这四种本子中的一些不同的翻刻本或传抄本而已。

笔者在坛经对勘一书中所对勘的,也就是法海本(敦煌本)、惠昕本、契嵩本和宗宝本这四种本子[1]。

从时间上说,法海本在唐代,惠昕本在晚唐(一说在宋初),契嵩本在北宋(仁宗至和三年——一〇五六),宗宝本在元代(世祖至元二十八年——一二九一),前后相去几百年。从字数上说,法海本约一万二千字,惠昕本约一万四千字,契嵩、宗宝两本则均在二万字以上。时间愈晚,字数愈多。这一情况清楚表明,愈是晚出的坛经,就窜改愈多,就愈多私货!读者从校释正文中将会看到,即使在被公认为“最古”的法海本坛经里,也已经有了不少为后人所加进去的东西,更何况乎晚出的坛经!古本坛经尚且有假,晚出坛经反而皆真,这难道是可能的吗?当然,比较起来,法海本坛经基本上确可以说是慧能语录(因而确实可以把它当作慧能的思想实录来看待)。至于惠昕以后的各本坛经,从“慧能的坛经”这一角度(如果它不是“慧能的坛经”而是“禅宗的坛经”,自然另当别论)说来,就不能不说它们在不少方面同慧能的思想是颇不相同的。其原因,就是由于惠昕特别是契嵩、宗宝等人,对坛经进行了窜改!

---

〔1〕 当然,说坛经的四个本子,只是就目前情况(以及笔者的见闻所及)而言,将来完全有可能发现新的(甚至更古的)坛经本子,那样,届时自当另作研究。

关于坛经是否曾为人们所窜改，这在佛教史上早就有人言及了。据景德传灯录卷二八南阳慧忠国师语的记载，慧忠就曾慨乎言之："吾比游方，多见此色，近尤盛矣。聚却三五百众，目视云汉，云是南方宗旨，把他坛经改换，添糅鄙谭，削除圣意，惑乱后徒，岂成言教？苦哉！吾宗丧矣！"（按：这一段话，不见于宋高僧传慧忠传。指月录卷六南阳慧忠国师一文则也收入了。）慧忠死于唐代宗大历十年（七七五），距慧能去世（唐玄宗先天二年—七一三），仅六十二年。如景德录所载属实，则慧能去世几十年之后，坛经即已为人所改换。明僧袾宏一则说："盖坛经皆学人记录，宁保无讹？"（弥陀疏钞卷四）再则说："坛经皆他人记录，故多讹误。"（竹窗三笔六祖坛经）明、清之际的王起隆，特别对宗宝本坛经提出了严厉批判："窃谓宗宝之自用自专，大舛大错，当以佛法四谤定之。佛祖建立一切法，后人增一字为增益谤，减一字为减损谤，紊一字为戏论谤，背一字为相违谤。四谤不除，即百非俱起，退众生心，堕无间罪业，不通忏悔矣。宗宝之于坛经，按之四谤，实无所有。数其大端：更窜标目，割裂文义，颠倒段络，删改字句。其胆甚狂，其目甚眯。"王氏甚至要对宗宝"鸣鼓而攻之"！（详见王氏重锓曹溪原本法宝坛经缘起，载普慧大藏经四种坛经合刊本，本书附录节录了此文）胡适在对敦煌本（一二〇〇〇字）、惠昕本（一四〇〇〇字）和明藏本（按：即契嵩本，二一〇〇〇字）三本坛经的字数作了一个统计比较之后说："这可见……禅宗和尚妄改古书的大胆真可令人骇怪了。"（胡适论学近著第一集上册坛经考之二）胡氏还说："可知惠昕增添了许多很浅薄的禅宗滥调，而契嵩以后，多沿用他的改本。"（同上）"惠昕改动的地方，大致都是这样添枝添叶的增加。但他也有删节原本的地方,也有改换原本各部分的次第的地方。"(同上)胡适最后得出结论说:"总之,惠昕本虽然有了不少的增改,但不失为'去古未远'之本,我们因此可以考见今本坛经的哪些部分是北宋初年(按:胡适断定惠昕本坛经是北宋初的本子)增改的,哪些部分是契嵩和契嵩以后的人增改的。"胡适的这些话,反映了他还具有一定的历史观点,因而是有一定道理的(另一方面,胡适一口咬定坛经系神会作品,那自然是荒唐的)。印顺在中国禅宗史一书里,一则说:"坛经是先后集成的,并有过修改与补充。"(页二四七)再则说:"从坛经原本到敦煌本,至少已有过二次重大的修补。此后流传中的坛经,不断的改编,不断的刊行,变化是非常多的。"(页二七二)甚至某些本子坛经的一些内容,竟然"大致与景德传灯录相近"(页二七五)。宇井伯寿的禅宗史研究坛经考里,专门有一(第十)节,题为坛经之变化,就上述慧忠的话作了分析,说明坛经确有很大的改变。在禅宗史研究坛经考第七节敦煌本与各本里,宇井氏还特别指出:敦煌本坛经为"最古"本的坛经,它是其后各本坛经的基础。在以后各本的坛经中,由于都有很多的增改,所以,它们的内容,较之敦煌本坛经,都有明显的不同。忽滑谷快天在谈及三本坛经的不同时,也曾指出过:作为"慧能语录"的坛经,由于传写时文字上的改换,以致在坛经里存在着"玉石相混"的情况(见禅学思想史上卷第十一章第二节坛经三本之不同)。"玉石相混",犹言"鱼目混珠"。这一论断表明,在坛经(尤其是晚出的坛经)里,确有赝品和私货!可见,坛经之曾被人们所窜改,乃是一种为古今中外学者们所公认的历史事实[1],是无法抹煞的。[2]

四

应中华书局约,撰写坛经校释。因限于学力,囿于见闻,错误之处在所难免,尚望方家惠予指正。

郭　朋

一九八二年五月

---

〔1〕　印顺在中国禅宗史第六章第一节坛经的主体部分里指出:"现存的坛经,应分别为二部分:一、(原始的)坛经——坛经主体,是大梵寺开法的记录。二、坛经附录,是六祖平时与弟子的问答,临终付嘱,以及临终及身后的情形。二者性质不同,集录也有先后的差别。在坛经的研究上,这是应该分别处理的。"(页二四五)这种区分,是颇有启发意义的。

〔2〕　附带一提:丁福保笺注坛经(书名六祖大师法宝坛经笺注),所笺注者本是宗宝本坛经,而丁氏却署款为"唐释门人法海录"。冒宗宝本为法海本,实在是一种很不严肃的作法。而且,按照佛教习惯,只宜称"释法海",却不能称"释门人","释门人"之称是不通的。

凡　例

　　一、本校释以日本学者铃木贞太郎、公田连太郎校订的敦煌写本——法海本坛经(收入日本大正新修大藏经里的,是未分节段的原本;收入民国普慧大藏经里的,则是铃木、公田的校订本)为底本(以下简称铃木校本),参照惠昕、契嵩、宗宝三个改编本坛经(分别简称惠昕本、契嵩本、宗宝本)进行校订。惠昕本坛经,还有一个日本兴圣寺的校改本,本校释引用时,沿称兴圣寺本。

　　二、校订方面:铃木校本间或有不够确切的地方,则酌予指出和改正;个别该校改而该校本未加校改的,则酌予校改。

　　三、释义方面:只对含有比较重要思想内容的句子、段落以及较为重要的名词、概念作必要的注释;一般文句,或者略作说明,或者略而不释,以免繁烦。

　　四、本校释一般只释法海本坛经;涉及重要思想内容的,则与惠昕等三本坛经的有关文句相对勘,以资比较。

　　五、对于坛经中所引经文,则必注明出处,以便于读者查对

17

原文。

六、本校释以校为先,以释为主。

七、坛经向鲜释本,丁福保的六祖大师法宝坛经笺注,宗教意义大于学术意义,虽然不无可供参考之处,但可资借鉴者不多。某些日本学者的著作中还提到有六祖大师法宝坛经要解,可惜笔者还不曾看过此书。所以,本校释在释义方面无何可靠的蓝本可凭,只能根据坛经内容择要而释。

八、有关文献资料,附列于后,以资参阅。

参考书目

华严经　　　　　　　禅源诸诠集都序

大般涅槃经　　　　　历代法宝记

法华经　　　　　　　祖堂集

金刚经　　　　　　　宗镜录

维摩经　　　　　　　宋高僧传

楞伽经　　　　　　　景德传灯录

楞严经　　　　　　　传法正宗记

梵网经　　　　　　　五灯会元

大乘起信论　　　　　云栖法汇

成唯识论　　　　　　紫柏全集

神会语录　　　　　　憨山梦游集

宝林传　　　　　　　指月录

圆觉经疏钞

丁福保:六祖大师法宝坛经笺注

胡适:1 神会传;2 坛经考之一(跋曹溪大师别传);3 坛经考

19

之二（记北宋本的六祖坛经）

　　印顺：中国禅宗史

　　宇井伯寿：禅宗史研究

　　阿部肇一：中国禅宗史之研究

　　忽滑谷快天：禅学思想史

　　柳田圣山：初期之禅史二

　　筱原寿雄、田中良昭：敦煌佛典与禅

　　石井修道：伊藤隆寿氏发现之真福寺文库所藏之六祖坛经

之绍介

法海本坛经五十七节目录[1]

1

---

〔1〕 这些节段及其标题系录自铃木校本,供读者参考;大正藏本尚未分节段。

南宗顿教最上大乘摩诃般若波罗蜜经
六祖惠能大师于韶州大梵寺施法坛经〔一〕一卷
兼受无相戒弘法弟子法海集记〔二〕

【校释】

〔一〕坛经书题，名称不一。惠昕本称六祖坛经(二卷)，契嵩本称六
祖大师法宝坛经曹溪原本(一卷)，宗宝本称六祖大师法宝坛经
(一卷)。在其它一些有关文献中，还有施法坛经、法宝坛经、坛
经等称谓。法海本(一卷)的这一名称，文字冗长，含义混杂。
对神秀一派的"北宗"禅，慧能一派称为"南宗"(按：一般认为
以慧能为代表的禅宗，因起自岭南，所以被称为"南宗"。而以
神秀为代表的一派，因曾一度传播于北方，所以被称为"北宗"。

亦即所谓的"南能北秀"。其实,神秀一派只是禅学,并非禅宗。印顺在中国禅宗史(页八五—八九)里,则还指出:"禅宗的所以称为'南宗',有远源于南印度的特殊意义。"即传说中的菩提达磨所传的"南天竺一乘宗",以及由南印度传来的般若经论也被称为"南宗"等等。这些都算是"南宗"一词的远源。印顺此说,可供参考)。对神秀一派的"渐修",慧能一派称为"顿教"。"最上大乘",既是形容摩诃般若波罗蜜经,又是形容慧能坛经。这里,把摩诃般若波罗蜜经也插进坛经标题里,是不伦不类的。因为,如本书序言中所指出的,传统佛教的般若思想,同慧能的思想是"空""有"异趋,迥不相同的。把不同的两种思想体系的东西硬给塞在一起,实在是一种拙劣的作法。以法施人,称为"施法"。汉书高帝纪上"于是汉王齐(按:齐,同斋)戒设坛场"句下,颜师古注谓:"筑土而高曰坛,除地为场。"说文:"坛,祭场也。"则所谓"坛"者,乃土台、祭坛也。这里所谓"坛",则指法坛。佛教传说,南北朝刘宋时,印僧求那跋陀罗(一说是求那跋摩)曾于此地建坛授戒(按:梁高僧传卷三求那跋陀罗传和求那跋摩传里,均未记载此事,可见这只不过是一种传说而已),谓之"戒坛"。慧能变"戒坛"为"法坛",于上说法。慧能门徒视能如佛,慧能法语犹如佛经,故称坛经。韶州,今广东曲江县。大梵寺,在韶州城内,唐开元二年建,初名开元寺,后改名为大梵寺。这算是慧能最初开山传法的地方。

〔二〕景德传灯录(以下简称景德录)卷五:"韶州法海禅师者,曲江人也。"坛经第四五节中所列十弟子之一。刺史韦璩特令法海负责记录,则法海当系当时慧能弟子中的佼佼者。"兼受无相戒"云者,法海身为比丘,必当先受比丘戒,从慧能学禅,复受"无相",故称"兼受"。"无相戒"义,见下。

一

　　惠能大师于大梵寺讲堂中升高座〔一〕,说摩诃般若波罗蜜法〔二〕,授无相戒〔三〕。原本授作受。其时座下僧尼、道俗一万馀人〔四〕,韶州刺史韦璩〔五〕原本韦璩作等据。及诸官寮三十馀人,儒士三十馀人〔六〕,原本无三十二字。同请大师说摩诃般若波罗蜜法。刺史遂令门人僧法海集记,流行后代,与学道者承此宗旨,递相传授,有所依约,原本依作于。以为禀承,说此坛经。

【校释】

〔一〕惠能大师　“惠”,通“慧”;惠能,即慧能。

〔二〕说摩诃般若波罗蜜法　“摩诃”,“大”义;“般若”,智慧(自然是宗教意义的);“波罗蜜”,译为“到彼岸”,有终极、究竟、彻底等含义。“摩诃般若波罗蜜法”,意即最究竟的大智慧之法。不过,这里所谓的“摩诃般若波罗蜜法”,并非传统佛教的般若教义,乃是如下文所反复表述的佛性论、顿悟说(详见本书序言)。

〔三〕授无相戒　“无相戒”,意即“无相”之“戒”。下文(第一七节)所谓“无相者,于相而离相”。所以,所谓“无相戒”,亦即教人要“离相”,而不要“著相”。按照佛教的传统教义,“戒”的基本

3

含义有两个方面:一为"止恶"(叫做"止持"),即"诸恶莫作";二为"行善"(叫做"作持"),即"众善奉行"。有恶可止,有善可行,表明都是有相的(民国时代,律僧弘一曾著比丘戒相表一书,广列应行、应止的各种戒相)。既称"无相",又何"戒"之有!所以,"无相戒"云者,按照佛教的传统教义是说不通的。而慧能却要与人们授"无相戒",表明他确是在宣扬由他所开创的那种"教外别传"的禅法。

〔四〕僧尼、道俗一万馀人 "一万馀人",惠昕等三本均作"一千馀人"。

〔五〕刺史韦璩 韦璩其人,身世不详。中国禅宗史说:"张九龄(曲江人)撰故韶州司马韦府君墓志铭说:韦司马(名字不详),'在郡数载''卒于官舍''开元六年冬十二月葬于(故乡)少陵'(全唐文卷二九三)。这极可能就是韦璩。开元七年(七一九)葬,韦司马在郡的时间,正是慧能的晚年及灭后。唐代官制,每州立刺史,而司马为刺史的佐贰。韦璩任司马,或曾摄刺史,坛经就称之为刺史吧!"(页二一八—二一九)

〔六〕儒士三十馀人 惠昕等三本均作"儒宗学士三十馀人"。

二

能大师言:"善知识[一]!净心念摩诃般若波罗蜜法。"大师不语,自净心神[二],良久乃言:善知识净听,惠能慈父[三],本官范阳[四],左降迁流岭南,原本无岭字。作新州百姓[五]。原本无作字。惠能幼小,父又早亡[六],原本又作小。老母孤遗,移来南海,原本无南字。艰辛贫乏,原本乏作之。于市卖柴。原本卖作买。忽有一客买柴,遂领惠能至于官店,客将柴去,惠能得钱,却向门前,忽见一客读金刚经[七],惠能一闻,心明便悟,原本明作名。乃问客曰:原本问作闻。"从何处来持此经典?"客答曰:"我于蕲州黄梅县东冯墓山[八],原本县作是。礼拜五祖弘忍和尚[九],见今在彼[一〇],原本今作令。门人有千馀众。我于彼听见大师劝道俗,但持金刚经一卷,原本持作特。即得见性[一一],直了成佛。"惠能闻说,宿业有缘,便即辞亲[一二],往黄梅冯墓山,礼拜五祖弘忍和尚。

【校释】

〔一〕善知识 这里的"知识",不是通常意义上的知识,而是一种人
　　　　称。在佛教文献里,通常把具有较高的道德学问的僧人(以及

某些居士）称之为"善知识"。它的含义，在一定的意义上说来，略近于现代所谓的"导师"或"高级知识分子"。而在这里，则是慧能对他的听众们的带有一些恭维性质的泛称。

〔二〕自净心神　惠昕本作"自净其心"。

〔三〕惠能慈父　法海六祖大师缘起外纪："父卢氏，讳行瑶。"

〔四〕本官范阳　意谓慧能的父亲原是在范阳做官的。但从神会语录"能禅师……俗姓卢，先祖范阳人也"的记载出现之后，范阳便由慧能的父亲曾经在那里做过官的地方，变成了慧能本来的籍贯了。惠昕本（契嵩本、宗宝本因之）坛经带头，改"官"为"贯"："惠能严父，本贯范阳。"此后，宋高僧传卷八慧能传："释慧能，姓卢氏……其本世居范阳。"景德录卷五慧能传："慧能大师者，俗姓卢氏，其先范阳人。"都把范阳说成是慧能的原籍了。但从下句"左降迁流岭南"看来，则"本官范阳"似乎要更通一些。铃木校本作"本贯范阳"，这里仍依原本。范阳，今北京大兴、宛平一带。

〔五〕左降迁流岭南，作新州百姓　六祖大师缘起外纪："唐武德三年九月，左官新州。"宋高僧传卷八慧能传："厥考讳行瑶，武德中，流于新州百姓，终于贬所。"景德录卷五慧能传："父行瑶，武德中，左宦于南海之新州，遂占籍焉。"岭南，指五岭以南一带。新州，今广东新兴县。

〔六〕父又早亡　景德录卷五慧能传："三岁丧父。"

〔七〕忽见一客读金刚经　祖堂集卷二第三十三祖惠能和尚传："（能）偶一日买（按："买"，应作"卖"）柴次，有客姓安名道诚，欲卖（按："卖"，应作"买"）能柴，其价相当，送将至店，道诚与他柴价钱，惠能得钱，却出门前，忽闻道诚念金刚经，惠能亦（按："亦"，应作"一"）闻，心便开悟。惠能遂问：'郎官，此是何经？'（按：上面已说'忽闻道诚念金刚经'，这里却又问道'此是

何经’,岂不矛盾!)道诚云:‘此是金刚经。’惠能云:‘从何而来
读此经典?’道诚云:‘我于蕲州黄梅县东冯母山,礼拜第五祖弘
忍大师,今现在彼山说法,门人一千馀众,我于此处听受。大师
劝道俗受持此经,即得见性,直了成佛。’惠能闻说,宿业有缘,
其时道诚劝惠能往黄梅山礼拜五祖。惠能报云:‘缘有老母,家
乏欠阙,如何抛母,无人供给。’(按:如此说来,并非惠能主动要
去黄梅的。)其道诚遂与惠能银一百两,以充老母衣粮,便令惠
能往去礼拜五祖大师。惠能领得其银,分付安排老母讫,便辞
母亲。不经一月馀日,则到黄梅县东冯母山礼拜五祖。”按:法
海本坛经里的“一客”,除付柴钱,分文不肯多给;惠昕等三本里
的“一客”,均“取银十两与惠能”,而祖堂集里的安道诚,竟然
增加到“银一百两”。

〔八〕我于蕲州黄梅县东冯墓山　　“蕲”(普慧藏本作“新”,误),音
其。蕲州,治蕲春,即今湖北蕲春县治。黄梅县,故治在今湖北
黄梅县西北。冯墓山,应为冯茂山,在黄梅县之东北境。弘忍
先住黄梅县西南之东禅寺,后又于冯茂山结庵而居。因该山在
黄梅县之东北,禅宗史上便称弘忍之禅为“东山法门”。因弘忍
成了禅宗五祖,冯茂山在佛教史上又被称之为五祖山。

〔九〕礼拜五祖弘忍和尚　　宋高僧传卷八弘忍传:“释弘忍,姓周氏,
家寓淮左浔阳,一云黄梅人也。”景德录卷三弘忍传:“弘忍大师
者,蕲州黄梅人也,姓周氏。”按:“淮左浔阳”之说不确。淮左,
即淮水之东,淮扬一带,均为淮东,属江苏境。而浔阳(江、郡、
县),即江西九江。

〔一〇〕见今在彼　　“见”,同“现”。

〔一一〕我于彼听见大师劝道俗,但持金刚经一卷,即得见性　　“持金
刚经”“即得见性”。这个客人,显然是坛经的编纂(记录)者
按照慧能的思想模子构造出来的。因为金刚经讲“空”,并未

讲"性"(般若"性空"之说,意亦在"空",而不在"性");闻经"见性",这是慧能的禅宗思想,而不是金刚般若思想。这里的"忽见一客读金刚经",以及下文的弘忍于"夜至三更,唤惠能堂内,说金刚经",都只具有宗教意义,并不具有历史意义(如果说它也具有什么历史意义的话,那只不过是魏晋以来般若之学曾经在南方盛行过的残馀影响的虚假反映而已)。

〔一二〕便即辞亲 只因"宿业有缘",闻说之后,"便即辞亲",拔腿就走,竟置别无依靠的老母于不顾,实在是大有违于孝道。所以惠昕本就改成了:"惠能闻说,宿业有缘,乃蒙一客取银十两与惠能,令充老母衣粮,教便往黄梅礼拜五祖。惠能安置母毕,便即辞亲,不经三二十日,便至黄梅,礼拜五祖。"(契嵩本、宗宝本与惠昕本同,只是把"不经三二十日",又改为"不经三十馀日"。)不过,区区十两银子,又能充得几时衣粮!倒是祖堂集的两位作者更讲究孝道一些,他们让那位客人安道诚"遂与惠能银一百两,以充老母衣粮"。纹银百两,差可赡养老母终身了。

三

弘忍和尚问惠能曰:"汝何方人?来此山礼拜吾,汝今向吾边复求何物?"惠能答曰:"弟子是岭南人,_{原本岭作领。}新州百姓。今故远来礼拜和尚,不求馀物,唯求作佛〔一〕。"大师遂责惠能曰:"汝是岭南人,_{原本岭作领。}又是獦獠〔二〕,若为堪作佛!"惠能答曰:"人即有南北,佛性即无南北;_{原本性作姓。}獦獠身与和尚不同,佛性有何差别〔三〕!"_{原本性作姓,差作羌。}大师欲更共语〔四〕,见左右在傍边,大师更不言。遂发遣惠能令随众作务。时有一行者〔五〕,遂差惠能于碓坊,踏碓八个馀月。

【校释】

〔一〕唯求作佛　原本作"唯求佛法作"。惠昕等三本均作"唯求作佛"(契嵩本、宗宝本"唯"作"惟")。对照下文弘忍责备惠能说"汝是岭南人,又是獦獠,若为堪作佛"的话看来,应是"唯求作佛","法"字乃衍文。

〔二〕又是獦獠　"獦",亦作"猲",音葛,兽名。说文:"猲,短喙犬也。""獠",音聊。说文:"獠,猎也。"则"獦獠"者,当是对以携犬行猎为生的南方少数民族的侮称。黄山谷过洞庭青草湖诗:

9

"行矣勿迟留,蕉林追獦獠。"这里的"獦獠",既指野兽,又指猎人。慧能见弘忍时,当是穿着南方少数民族服装,所以也被弘忍侮称之为"獦獠"。

〔三〕獦獠身与和尚不同,佛性有何差别 慧能的这一回答,已显示出他确乎是一个佛性论者。

〔四〕大师欲更共语 原本"语"作"议"。铃木校本此句下有校注云"议恐当作语"。按:惠昕本作"大师更欲共惠能久语",契嵩本作"祖更欲与语",宗宝本作"五祖更欲与语",则"议"确当作"语",今改。

〔五〕时有一行者 入寺而尚未正式落发为僧、承担劳役、服侍僧众的人,称为"行者"。

四

　　五祖忽于一日唤门人尽来,门人集讫〔一〕,五祖曰:"吾向汝说,原本汝作与。世人生死事大〔二〕,汝等门人,终日供养〔三〕,只求福田〔四〕,不求出离生死苦海〔五〕。汝等自性迷〔六〕,原本性作姓。福门何可救汝〔七〕。汝总且归房自看,有智惠者,原本智作知。自取本性般若之知〔八〕,原本自作白,性作姓,之知作知之。各作一偈呈吾。吾看汝偈,若悟大意者〔九〕,原本悟作吾。付汝衣法,禀为六代。火急急!"

【校释】

〔一〕门人集讫　"集讫"原本作"集记"。按:"记",当系"讫"字之误。铃木校本改"集记"为"已集",似可不必。

〔二〕世人生死事大　世间之人,当以追求解脱、超脱生死为本分大事。这是弘忍教导他的门徒们,都要厌离人世,期求解脱。正是基于这种观点,所以佛教徒一般都成了厌世主义者。

〔三〕终日供养　这句话本应理解为终日受人供养,可是同下面"只求福田"的一句话联系起来看,则又可理解为"终日供养"佛、法、僧三宝。

〔四〕只求福田　供养三宝可以生福,犹如田地能长禾稼。生福之
　　　田,称为"福田"。其实,供养三宝是为求福,非求福田,"只求
　　　福田",语意不确。

〔五〕不求出离生死苦海　这是弘忍责备他的门徒:只求世间福,不
　　　求出生死。佛教认为:人世生死,苦深如海。

〔六〕汝等自性迷　"汝等自性迷",犹言"你们迷失自性"。这里的
　　　"自性"——本性,乃指佛性,而非人性。

〔七〕福门何可救汝　"门",疑为"田"字之误。"福田何可救汝?"犹
　　　言你们这些迷失了本来具有的佛性的人们,即使广求福田,又
　　　如何救得了你们出生死、得解脱呢? 铃木校本对于这句话的校
　　　订为:"福何可救(原本福下有门字,衍)。"没有"门""汝"两字。
　　　查大正藏本坛经原文为:"福门何可救汝? 汝总且归房自看。"
　　　铃木将两"汝"字改作"汝等",属下句:"汝等总且归房自看(原
　　　本等作汝)。"坛经对勘尚依铃木校本断句。现在看来,上一
　　　"汝"字,连在上句为妥。

〔八〕自取本性般若之知　"知",同"智"。"自取本性般若之智",犹
　　　言你们应该各自体认本来具有的智慧。"般若"就是"智慧",
　　　"般若之智",乃同义反复。

〔九〕若悟大意者　这里的"大意",不是一般意义上的"大意",而是
　　　指的"佛性"大意。"若悟大意者",实谓"若悟佛性者"。

五

门人得处分,却来各至自房,原本自作白。递相谓言:"我等不须澄心用意作偈将呈和尚〔一〕。原本澄作呈。神秀上座是教授师,秀上座得法后,自可依止,原本依作于。偈不用作。"原本偈作请。诸人息心,尽不敢呈偈。时大师堂前〔二〕有三间房廊,于此廊下供养,欲画楞伽变〔三〕,并画五祖大师传授衣法,流行后代为记。画人卢珍看壁了,明日下手。

【校释】

〔一〕将呈和尚 "和尚",指弘忍。

〔二〕大师堂前 "大师",指弘忍。

〔三〕欲画楞伽变 "楞伽变",即佛教传说中的释伽宣说楞伽经时的故事画。这句话的意思是:弘忍想请画师把佛说楞伽经时的故事,画在法堂之前的三间房廊的墙壁上,以为信徒们的供养对象,也就是让信徒们对它进行礼敬供养。

六

上座神秀〔一〕思惟:"诸人不呈心偈,缘我为教授师,原本教作撇。我若不呈心偈,五祖如何得见我心中见解深浅。我将心偈上五祖呈意,求法即善,原本求法即善作即善求法。觅祖不善,却同凡心夺其圣位〔二〕。若不呈心偈,原本无偈字。终不得法。"原本终作修。良久思惟,甚难甚难,甚难甚难。原本甚难甚难,甚难甚难作甚甚难,甚难难。夜至三更,不令人见,遂向南廊下中间壁上题作呈心偈,欲求衣法。原本衣作于。"若五祖见偈,言此偈语,若访觅我,我宿业障重,原本业作叶。不合得法,圣意难测〔三〕,我心自息。"原本自作白。秀上座三更于南廊下中间壁上秉烛题作偈,人尽不知。原本知作和。偈曰:

身是菩提树,心如明镜台,时时勤拂拭,原本拂作佛。莫使有尘埃〔四〕。

【校释】

〔一〕上座神秀 宋高僧传卷八神秀传:"释神秀,俗姓李氏,今东京尉氏人也。少览经史,博综多闻。既而奋志出尘,剃染受法。后遇蕲州双峰东山寺五祖忍师,以坐禅为务,乃叹伏曰:'此真

吾师也。'决心苦节，以樵汲自役而求其道……秀既事<u>忍</u>，<u>忍</u>默
识之，深加器重，谓人曰：'吾度人多矣，至于悬解圆照，无先汝
者。'"景德录卷四<u>神秀</u>传："北宗<u>神秀</u>禅师者，<u>开封尉氏</u>人也，
姓<u>李</u>氏。少亲儒业，博综多闻。俄舍爱出家，寻师访道，至<u>蕲州</u>
<u>双峰东山寺</u>，遇五祖<u>忍</u>师，以坐禅为务，乃叹伏曰：'此真吾师
也。'誓心苦节，以樵汲自役而求其道。<u>忍</u>默识之，深加器重，谓
之曰：'吾度人多矣，至于悟解，无及汝者。'"<u>神秀</u>时为<u>弘忍</u>门
下的上首弟子。

〔二〕却同凡心夺其圣位　意谓呈偈<u>弘忍</u>，乃为求法；若为谋做禅宗
　　的一代祖师，那就等于以凡愚之心夺取"圣位"，那就是不善
　　的了！

〔三〕若五祖见偈……圣意难测　此句<u>铃木</u>校本作"若五祖见偈言"。
　　并加校注说："若五祖见偈言云云，有脱文。<u>兴圣寺</u>本曰：'<u>神秀</u>
　　思惟：<u>五祖</u>明日见偈欢喜，出见和尚，即言<u>秀</u>作；若言不堪，自是
　　我迷，宿业障重，不合得法。圣意难测。'"按："言"字应属下
　　句："言此偈语。"<u>惠昕</u>本(<u>契嵩</u>本、<u>宗宝</u>本因之)则作："<u>秀</u>乃思
　　惟：不如向廊下书著，从他和尚看见，忽若道好，即出顶礼，云是
　　<u>秀</u>作；若道不堪，枉向山中数年，受人礼拜，更修何道！"

〔四〕莫使有尘埃　"有"，一作"惹"。这一偈语，虽使<u>神秀</u>失去了充
　　当<u>弘忍</u>继承人的资格，但却成了北宗一派的开端。所以，在佛
　　教史上说来，它的关系自也非同小可。另，据景德录卷四<u>神秀</u>
　　传记载，<u>神秀</u>后来还有如下的"示众"偈文："一切佛法，自心本
　　有，将心外求，舍父逃走！"则其意境已很接近于<u>慧能</u>的见解了。

七

神秀上座题此偈毕，归房卧，并无人见。五祖平旦遂唤卢供奉来南廊下，原本唤作换。画楞伽变。五祖忽见此偈，请记〔一〕，乃谓供奉曰："弘忍与供奉钱三十千〔二〕，深劳远来，不画变相也。金刚经云：'凡所有相，皆是虚妄。'〔三〕不如留此偈，原本留作流。令迷人诵。依此修行，不堕三恶〔四〕；依法修行人，有大利益。"

大师遂唤门人尽来，焚香偈前，令众人见，原本令作人。皆生敬心。"汝等尽诵此偈者〔五〕，方得见性；原本性作姓。依此修行，原本依作于。即不堕落。"门人尽诵，皆生敬心，唤言"善哉"！

五祖遂唤秀上座于堂内，原本祖作褐。问：原本问作门。"是汝作偈否？若是汝作，应得我法。"秀上座言："罪过！实是神秀作。不敢求祖，愿和尚慈悲，看弟子有小智惠、识大意否？"五祖曰：原本祖作褐。"汝作此偈，见即未到，原本未作来。只到门前，尚未得入。凡夫依此偈修行，原本依作于。即不堕落；作此见解，若觅无上菩提，即未可得。须入得门，见自本性。原本自作白，性作姓。汝且去，一两日来思惟，更作一偈来呈吾，若入得门，见自本性，原本自作白，性作姓。当付汝衣法。"秀上座去数日，作不得。

【校释】

〔一〕请记　疑为"读讫"之误。

〔二〕与供奉钱三十千　惠昕本："辄奉十千。"契嵩本、宗宝本："劳
尔远来。"空有口惠，一文不给。

〔三〕凡所有相，皆是虚妄　语见金刚经如理实见分第五。"相"谓形
体、相状之义。不实为虚，不真为妄。意思是说：凡是有形体、
相状的，都是不真实的，因而都是空的。

〔四〕不堕三恶　"三恶"，即三恶道，指地狱、饿鬼、旁生。佛教宣扬
"六道"轮回。"六道"中的天、人、阿修罗（意为"非天"，即有天
福而无天德者）称为"三善道"，地狱、饿鬼、旁生（即除人以外
的一切动物）称为"三恶道"。

〔五〕汝等尽诵此偈者　铃木校本作"汝等尽诵此，悟此偈者"，并加
校注云："原本无悟此二字。"这是根据惠昕本校改的。惠昕本：
"汝等尽须诵此，悟此偈者，即得见性。"契嵩本、宗宝本则作：
"尽诵此偈，即得见性。"比较起来，不加"悟此"二字，更通
顺些。

八

　　有一童子于碓坊边过，唱诵此偈，惠能一闻，知未见性，_{原本}性作姓。即识大意。能问童子[一]："适来诵者，是何言偈[二]？"童子答能曰："你不知大师言，生死事大，_{原本事作是。}欲传衣法，_{原本衣作于。}令门人等各作一偈来呈看，悟大意，即付衣法，禀为六代祖。_{原本祖作褐。}有一上座名神秀，忽于南廊下书无相偈一首，五祖令诸门人尽诵，_{原本祖作褐。}悟此偈者，即见自性；_{原本自作白，性作姓。}依此修行，即得出离。"惠能答曰："我在此踏碓八个馀月，_{原本无在字。}未至堂前，望上人引惠能至南廊下，见此偈礼拜，亦愿诵取，结来生缘，愿生佛地。"童子引能至南廊下，能即礼拜此偈，为不识字，请一人读[三]，惠能闻已，_{原本无能字，闻作问。}即识大意。惠能亦作一偈，又请得一解书人[四]，于西间壁上题着[五]：呈自本心，不识本心[六]，学法无益；识心见性[七]，_{原本性作姓。}即悟大意。_{原本悟作吾。}惠能偈曰：

　　菩提本无树，明镜亦无台，佛性常清净[八]，_{原本性作姓，清作青。}何处有尘埃[九]！

　　又偈曰：

心是菩提树,身为明镜台,明镜本清净,何处染尘埃〔一〇〕!

院内徒众见能作此偈,原本徒作从。尽怪〔一一〕。惠能却入碓坊。五祖忽见惠能偈〔一二〕,原本祖作褐。即善知识大意〔一三〕。恐众人知,五祖乃谓众人曰:"此亦未得了"。

【校释】

〔一〕能问童子　此句铃木校本作"能问童子言",下有校注云:"原本无言字。"按:可不加"言"字。

〔二〕适来诵者,是何言偈　此句铃木校本作"适来诵者是何偈",下有校注云:"原本何下有言字。"删去"言"字,似可不必。

〔三〕请一人读　惠昕本(契嵩本、宗宝本略同)作"请一上人为读,若得闻之,愿生佛会。时有江州别驾,姓张名曰用,便高声读"。

〔四〕又请得一解书人　惠昕本(契嵩本、宗宝本略同)作"因此言:'亦有一偈,望别驾书于壁上。'别驾言:'獦獠!汝亦作偈,其事希有!'惠能启别驾言:'若学无上菩提,不得轻于初学。俗谚云:下下人有上上智,上上人有没意智。若轻人,即有无量无边罪。'张曰用言:'汝但诵偈,吾为汝书于壁上;汝若得法,先须度吾,勿忘此言。'"

〔五〕于西间壁上题着　"题"原本作"提"。今依义改。

〔六〕不识本心　这里,"本心"和"自性""本性",含义相同。袾宏弥陀疏钞卷一:"此之自性,盖有多名:亦名本心,亦名本觉,亦名真知,亦名真识,亦名真如,种种无尽。统而言之,即当人灵知、灵觉本具之一心也。"其实,袾宏所列,遗漏尚多,诸如"佛性""法性""实性"等等,也都是含义相同的不同称谓。

〔七〕识心见性　"心"谓"本心","性"谓"本性",指的都是"真心"(真如)、"佛性"。下文(第一六节)所谓"自识本心,自见本性",义正相同。

〔八〕佛性常清净　慧能得法偈中这最关键的一句,在以后各本的坛经里,由惠昕本带头(契嵩本、宗宝本因之),把它窜改成了"本来无一物"(按:祖堂集亦同:"身非菩提树,心镜亦非台,本来无一物,何处有尘埃。")。这句偈语的首窜者先把般若"性空"误解为"本无",再以"本无"来窜改"佛性"。是的,般若不但讲究"凡所有相,皆是虚妄"(金刚),而且宣称:"若当有法胜涅槃者,我说亦复如幻如梦!"(大品幻听品)"涅槃"(寂灭),是佛教徒所追求的最高境界,而在般若论者的心目中,不但"涅槃"是"空"的,"若当有法胜涅槃者,我说亦复如幻如梦"——也是"空"的。可是,般若讲的是"性空",并不是"本无"(对此,本书序言里已有所论述,这里不再重复)。把"佛性常清净"改为"本来无一物",不仅有背于"佛性"论,而且也不符合般若思想。契嵩(还有宗宝)跟着照改,却露出了马脚——契嵩本坛经南北顿渐品第七:"一日师告众曰:'吾有一物,无头无尾,无名无字,无背无面,诸人还识否?'神会出曰:'是诸佛之本源,神会之佛性!'"神会的回答,虽然表面上受到了慧能的指责,但其实神会还是"答如所问"的。"吾有一物",不是对于"本来无一物"的明显否定吗?契嵩之所以露此马脚,乃是由于他也是一个"佛性"论者!"佛性"论者,终究是不会像般若"性空"论者那样空其一切的(更不会像"本无"论者那样认为什么都没有)。对此,契嵩在其坛经赞一文中,还有更清楚的说明:"是故坛经之宗,尊其心要也。心乎若明若冥,若空若灵,若寂若惺。有物乎?无物乎?谓之一物,固弥于万物;谓之万物,固统于一物。一物犹万物也,万物犹一物也。"(见镡津文集卷三)这里,契嵩明确指出:不仅有"弥于万物"的"一物",而且有"统于一物"的"万物"。它同"本来无一物"的论调,是完全针锋相对的。如果认为,"本来无一物"同"佛性常清净"并无不同,是一样的,那又何必硬要窜改"佛性常清净"为"本来无一物"呢?视"佛性"为"一物",这暴露出对"佛性"论的误解;一定要把"佛性"也给"无"掉,这又反映了"本无"论者的偏见! 一定要以"本来无一物"来取代"佛性常清净",正表明了两者绝不相同! 如果硬要把这原属两种不同体系的思想等同起来,那就无异于要把涅槃思想与般若思想等同起来,把无著有宗与龙树空宗等同起来(玄奘当年确曾作过这种尝试),把天台宗思想与三论宗思想等同起来——推而广之,也无异乎要把老庄思想同荀孟思想等同起来! 可是,由于人们的习而不察,以讹传讹,竟然造成千古误会!

〔九〕何处有尘埃 "有",一作"惹"。慧能的这一偈意,同神秀的偈意针锋相对,显示出他的悟境,确乎高于神秀。因此,弘忍抛开神秀而选中了他来做自己的继承人。

〔一〇〕心是菩提树……何处染尘埃 这一偈颂,当属衍文。尤其是前两句,无异是重复神秀的话,更非慧能思想。

〔一一〕见能作此偈,尽怪 "尽怪",尽都感到惊怪。

〔一二〕五祖忽见惠能偈 "偈"原本作"但"。按:"但"当为"偈"字之误,今改。

〔一三〕即善知识大意 "善"字,疑衍。

九

　　五祖夜至三更,原本至作知。唤惠能堂内,说金刚经〔一〕,惠能一闻,言下便悟〔二〕。原本悟作伍。其夜受法,人尽不知,便传顿法及衣:"汝为六代祖。衣将为信禀,代代相传〔三〕;法以心传心,当令自悟。"五祖言:"惠能!自古传法,气如悬丝〔四〕!兴圣寺本、通行本并气作命。若住此间,有人害汝,汝即须速去。"

　　【校释】

　　〔一〕说金刚经　惠昕本(契嵩本、宗宝本因之)作:"五祖夜至三更,唤惠能于堂内,以袈裟遮围,不令人见,为惠能说金刚经。"僧人袈裟有一定尺寸,围身尚可,围堂却难。"遮围"云云,徒彰伪迹。其实(如本书序言已经指出过的),此处的"说经",同惠能在岭南的"闻经"(以及达摩的"授经"),都仅仅具有宗教意义,并无什么历史意义。

　　〔二〕言下便悟　岭南一闻,"心明便悟";这里一闻,"言下便悟"。真可谓一悟再悟!惠昕本(契嵩本、宗宝本略同)对此,又作了一番渲染:"恰至'应无所住,而生其心',言下便悟:一切万法,不离自性。惠能启言:'和尚!何期自性本自清净,何期自性本不生灭,何期自性本自具足,何期自性本无动摇,(何期自性)能生万法!'""应无所住,而生其心",同"一切万法,不离自性",从思想体系上说来,根本不是一码事。前者讲"空"(一切万法,皆无自性;或一切万法,自性本空),后者说"有",闻"空"悟"有",堪至奇迹! 而且,五千二百多字的金刚,通篇所宣扬的,只是宗教信仰主义的内容,根本没有涉及宇宙生成的问题,无论如何,在金刚经(以及全部般若)里也找不到"自性能生万法"的思想! 所以,惠昕等人的作伪,倒是更加表明了:慧能的思想,确乎不同于金刚思想。

〔三〕代代相传　契嵩本、宗宝本作:"衣为争端,止汝勿传。"

〔四〕气如悬丝　惠昕等三本"气"均作"命"。惠昕本:"自古传法,命如悬丝!"契嵩本、宗宝本:"若传此衣,命如悬丝!"改"法"为"衣",表明"衣"重于"法"。

坛经校释

能得衣法，三更发去。五祖自送能于九江驿〔一〕，登时便悟〔二〕。五祖处分：原本无五字。"汝去，努力将法向南，三年勿弘此法〔三〕，难去在后弘化〔四〕，善诱迷人，若得心开，汝悟无别〔五〕。"辞违已了，便发向南。

【校释】

〔一〕五祖自送能于九江驿　从江北的湖北黄梅下山，到江南的江西九江，三更出发，当晚即到，这可能吗？神会语录（敦煌写本，下同）第五五节"第六代唐朝能禅师"里则说："……忍大师谓曰：'我自送汝。'其夜遂至九江驿。当时得船渡江，大师看过江，当夜却归至本山，众人并不知觉。"则弘忍不仅当晚送慧能到江边，而且还"当夜却归至本山"。伪迹尤为显著！惠昕本（契嵩本、宗宝本大同小异）说："五祖相送，直至九江驿边，有一只船子，五祖令惠能上船，五祖把橹自摇，惠能言：'请和尚坐，弟子合摇橹。'五祖言：'只合是吾度汝，不可汝却度吾，无有是处。'惠能言：'弟子迷时，和尚须度，今吾悟矣，过江摇橹，合是弟子度之。度名虽一，用处不同。'五祖言：'如是如是。'"则弘忍不仅送慧能到江边，而且还要亲自撑船送过江去（神会语录也只

24

是说弘忍看着慧能过江）。话越说越多，事越说越伪。

〔二〕登时便悟　此句费解。或"悟"应作"寤"，觉也。意谓很快就天亮了。

〔三〕三年勿弘此法　惠昕本："五年勿说。"契嵩本、宗宝本："不宜速说。"按：据法海六祖大师缘起外纪记载，慧能得法于唐高宗龙朔元年（六六一），直到仪凤元年（六七六）遇到印宗之后，方才公开出来传法，中间隐遁了一十六年。可见，"三年勿弘""五年勿说"等说法，都是很不确切的。

〔四〕难去在后弘化　意谓：你南行之后，不要急于出来弘法；等到灾难过去之后，再出来弘法，方才平安无事。铃木校本改"去"为"起"，连上读："三年勿弘，此法难起。"反而不通了。

〔五〕汝悟无别　这是弘忍对慧能说：你在弘法时，如果能够善于诱导愚迷的人们，使他们也都能够心开悟解，那末，他们的悟境同你的悟境，就没有什么差别了！铃木校本改"汝悟"为"与吾"，作"与吾无别"，并加校注谓："原本与吾作汝悟。""与吾无别"，是说与弘忍无别，这是欠妥的。因为，受了慧能的化导而有同慧能一样的悟境，是合乎情理的；而受慧能的化导，竟然能有同弘忍一样的悟境，那就不大合乎常情了。

两月中间，至<u>大庾岭</u>。不知向后有数百人来，欲拟头<u>惠能</u>夺衣法〔一〕，原本衣作于。来至半路，尽总却回。唯有一僧，姓<u>陈</u>名<u>惠顺</u>〔二〕，先是三品将军〔三〕，性行粗恶，直至岭上来趁，把著<u>惠能</u>，即还法衣，又不肯取："我故远来求法，不要其衣。"<u>能</u>于岭上便传法<u>惠顺</u>，<u>惠顺</u>得闻，原本惠顺惠顺作惠惠顺顺。言下心开。<u>能</u>使<u>惠顺</u>即却向北化人来〔四〕。

【校释】

〔一〕欲拟头<u>惠能</u>夺衣法　<u>铃木</u>校："头字可疑，恐误。"今按："头"，或系"向"字之误。

〔二〕姓<u>陈</u>名<u>惠顺</u>　"<u>惠顺</u>"，<u>惠昕</u>等三本均作"<u>惠明</u>"。<u>宋高僧传</u>卷八<u>慧明传</u>："释<u>慧明</u>，姓<u>陈</u>氏，<u>鄱阳</u>人也。本<u>陈宣帝</u>之孙（按：此说不确。<u>陈宣帝</u><u>陈顼</u>，在位时间为公元五六九—五八二年；即使<u>慧明</u>——<u>惠顺</u>生于五八二年，到<u>唐高宗</u><u>李治</u>龙朔元年（六六一），也已八十来岁，如此高龄的人，还能那样地率先追赶<u>慧能</u>吗），国亡，散为编甿矣。<u>明</u>少出家于<u>永昌寺</u>，怀道颇切，扣双峰之法。<u>高宗</u>之世，依<u>忍</u>禅师法席，极意研寻，初无证悟，若丧家之犬焉。忽闻五祖密付衣钵与卢居士,率同意数十许人蹑迹急追,至大庾岭,明最先见,馀辈未及。能祖见已,便掷袈裟,明曰:'我来为法,非望衣钵也。'时能祖便于岭首一向指订,明皆洞达。"

〔三〕三品将军　"三品",惠昕等三本均改为"四品"。神会语录第五五节"第六代唐朝能禅师"里也说:"众有一四品将军,舍官入道,俗姓陈,字慧明。"则神会语录里也有了晚出的东西。

〔四〕即却向北化人来　惠昕本在这段末尾,加了如下一个夹注:"祖谓明曰:'不思善,不思恶,正与么时,如何是上座本来面目?'明大悟。"(铃木校本把这个夹注移到"言下心开"句下,而又加了如下一个括号夹注:(原注二十六字原本在章末。))契嵩本(宗宝本因之)则把这个夹注改为正文:"能云:'汝既为法而来,可屏息诸缘,勿生一念,吾为汝说。'良久,谓明曰:'不思善,不思恶,正与么时,那个是明上座本来面目?'惠明言下大悟。""那个是明上座本来面目?"这就是后来禅宗的所谓"话头",慧能当时尚无这种花样。这种东西出现在坛经里,标志着坛经已经被人窜改了!

　　<u>惠能</u>来于此地，<small>原本于作衣。</small>与诸官寮、道俗，<small>原本寮作夺。</small>亦有累劫之因。教是先圣所传，<small>原本圣作性。</small>不是<u>惠能</u>自知，愿闻先圣教者，<small>原本圣作性。</small>各须净心，闻了愿自除迷，<small>原本自除作白馀。</small>于先代悟〔一〕。（下是法。）

　　<u>惠能</u>大师唤言：“善知识！菩提般若之知〔二〕，世人本自有之，<small>原本自作白。</small>即缘心迷，不能自悟，<small>原本自作白。</small>须求大善知识示道见性。善知识！遇悟即成智〔三〕。”

【校释】

〔一〕闻了愿自除迷，于先代悟　　这句话颇费解。<u>惠昕</u>等三本均作：“闻了各自除疑，与先代圣人无别。”或“愿”为“须”字之误。意思是说：闻了先圣之教者，须能自除其迷误，能够这样，那他就等于有了先代圣人们的悟境。

〔二〕菩提般若之知　　“知”，同“智”。般若就是智慧，“般若之智”，乃同义反复。菩提，觉义，道义，即佛果位。“菩提般若之智”，意即能够证得佛位的智慧。

〔三〕遇悟即成智　　意谓：不悟则迷，悟即成智。

惠昕本在这一节(惠昕本为第一三节)的前面(第一二节)加进了一个人所共知的"风幡"故事。按:"风幡"故事,既不见于法海本坛经,也不见于法海的六祖大师法宝坛经略序和六祖大师缘起外纪(按:丁福保认为:外纪系后人增删略序而成者)以及王维的六祖能禅师碑铭,而最早见之于历代法宝记(约成书于唐代宗大历年间(七六六—七七九))和曹溪大师别传(按:据胡适考证,这篇别传撰于唐德宗建中二年—七八一),两者均是慧能去世(唐玄宗先天二年—七一三)几十年之后的作品。请看它们的记载:

法宝记:"时印宗问众人:'汝总见风吹幡于上头,幡动否?'或言见动,或言见风动,或言见幡动;不是幡动,是见动。如是问难不定。惠能于座下立答:'法师!自是众人妄想心动与不动,非见(按:"见",似应作"风")幡动;法本无有动、不动。'法师闻说,惊愕忙(按:"忙",应作"茫")然。"

别传:"时嘱正月十三日悬幡,诸人夜论幡义,法师(按:指印宗)廊下隔壁而听。初论幡者:'幡是无情,因风而动。'第二人难言:'风幡俱是无情,如何得动?'第三人:'因缘和合故,合动。'第四人言:'幡不动,风自动耳。'众人净论,喧喧不止。能大师高声止诸人曰:'幡无如馀种动。所言动者,人者心自动耳。'印宗法师闻已,至明日讲次欲毕,问大众曰:'昨夜某房论义,在后者是谁? 此人必禀承好师匠。'中有同房人云:'是新州卢行者。'法师云:'请行者过房。'能遂过房。"

此外,成书于五代后周广顺二年(南唐保大十年—九五二)的祖堂集(二〇卷,为南唐治下泉州招庆院禅僧静、筠二人合编。书中共收入自迦叶以至唐末五代禅僧二百馀人)卷二第三十三祖惠能和尚传里,也讲到了"风幡"这个故事:"(印宗)有一日正讲经,风雨猛动,见其幡动。法师问众:'风动也? 幡动也?'一个云风动,一个云幡动,各自相争,就讲主证明。讲主断不得,却请行者断。行者云:'不是风动,不是幡动。'讲主云:'是什摩物动?'行者云:'仁者自心动。'从此,<u>印宗</u>回席座位。"

根据这些(特别是前两种)记载,<u>惠昕本</u>(<u>契嵩本</u>、<u>宗宝本</u>因之)遂把这一故事写入<u>坛经</u>:"时有风吹幡动,一僧云幡动,一僧云风动。<u>惠能</u>云:'非幡动、风动,人心自动。'<u>印宗</u>闻之竦然。"

一个故事,不同记载,只能表明:它是传说,并非史实。其实,禅宗史上(从所谓的"拈花微笑"起)的许多故事,同佛经中的各种故事一样,宗教传说多于历史事实。如果对于这类故事辄信以为真,那就无异相信神怪了!

一三

善知识！我此法门，以定惠为本。弟一勿迷言定惠别[一]。原本定惠作定惠。定惠体一不二。即定是惠体，即惠是定用。即惠之时定在惠，即定之时惠在定。善知识！此义即是定惠等[二]。原本无定字。学道之人作意，莫言先定发惠，先惠发定，定惠各别。作此见者，法有二相，口说善，心不善[三]，定惠不等；原本定惠作惠定。心口俱善[四]，内外一种，原本一下有众字。定惠即等。自悟修行，不在口诤，若诤先后，即是迷人。原本无迷字。不断胜负，却生法我，不离四相[五]。

【校释】

〔一〕弟一勿迷言定惠别　"惠"通"慧"。传统教义："定"属止，"慧"属观，二者是有区别的。这里说定慧无别，又显示出慧能对于"定慧"这种传统范畴的释义，也是与众不同的。

〔二〕即定是惠体……此义即是定惠等　神会语录："惢法师问：'云何是定慧等义？'答曰：'念不起，空无所有，即名正定；以能见念不起、空无所有，即名正慧。若得如是，即定之时，名为慧体；即慧之时，即是定用。即定之时不异慧，即慧之时不异定；即定之时即是慧,即慧之时即是定;即定之时无有定,即慧之时无有慧。何以故? 性自如故。是名定慧等学。'"胡适以此(以及以下各条)为内证,便断定"坛经的主要部分是神会所作";因为"坛经中有许多部分和新发现的神会语录完全相同"(见胡适论学近著第一集卷二荷泽大师神会传六、神会与六祖坛经)。发现学生著作中有与老师的著作内容相同者,不是得出学生抄袭老师的结论,而是相反! 实在欠通。

〔三〕心不善　心有分别,故"不善"。

〔四〕心口俱善　心口如一,所以"俱善"。

〔五〕不离四相　"相",谓形相,相状。所谓"四相",说有多种,诸如生、老、病、死,生、住、异、灭,行、住、坐、卧,成、住、坏、空,等等。这里"四相"当指:一、异、非一非异、亦一亦异;或者:我、人、众生、寿者。争执先后,计较胜负,妄生法我(这里的"法我",意同"我法"),便是尚未远离"四相"的表现。佛教认为:"凡所有相,皆是虚妄。"应该远离"四相"。

　　一行三昧〔一〕者，于一切时中，行、住、坐、卧，原本坐作座。常行直心是〔二〕。原本行直作真真。净名经云："直心是道场〔三〕。"原本直作真。"直心是净土〔四〕。"原本直作真。莫心行谄曲，原本曲作典。口说法直，口说法直，兴圣寺本、通行本并作口但说直。口说一行三昧，不行直心，原本直作真。非佛弟子。但行直心，原本直作真。于一切法上无有执著，原本上无作无上。名一行三昧。迷人著法相，执一行三昧，直言坐不动，原本直言作真心，坐作座。除妄不起心，即是一行三昧。若如是，此法同无情，原本情作清。却是障道因缘。道须通流，原本须作顺。何以却滞？心不住即通流，原本不作在。住即被缚。原本被作彼。若坐不动是，原本坐作座。维摩诘不合呵舍利弗宴坐林中〔五〕。原本坐作座。善知识！又见有人教人坐，原本坐作座。看心看净，不动不起，从此置功。迷人不悟，便执成颠，即有数百般如此教道者〔六〕，原本般作盘。故知大错。原本知作之。

　　【校释】

　　〔一〕一行三昧　"三昧"，梵语，又云"三摩地""三摩提"，有正定、等

33

持等含义。"一行三昧",传统意义谓专于一行,修习正定(等持,则为平等持心,专于一境)。这里,**慧能**以"于一切时中,行、住、坐、卧,常行直心"来解释"一行三昧",则其意义有异于传统含义。这里所谓的"直心",也非通常意义上的"正直之心",而是指的"真心",即真如、佛性。"常行直心",亦即常住真如,常契佛性。契嵩曾谓:"一行三昧者,法界一相之谓也。"(镡津文集卷三坛经赞)"法界一相",意谓观宇宙万有举体皆是真如之相(这里的"相",作"体性"解)。契嵩的解释,是有根据的。文殊师利所说摩诃般若波罗蜜经卷下:"文殊师利言:'世尊!云何名一行三昧?'佛言:'法界一相,系缘法界,是名一行三昧。'"则所谓"一行三昧"者,就是观察"法界"。"法界",亦即一切事物——宇宙万有的根本体性的唯一"体相"(这里,"相"乃"性"义),一心系缘于这一"法界"的"一相"上。契嵩以"法界一相"来解释"一行三昧",可谓得**慧能**"一行三昧"之真谛。

〔二〕常行直心是 **惠昕本**、**契嵩本**作:"常行一直心是也。"**宗宝本**作:"常行直心是也。"

〔三〕直心是道场 语见维摩经("净名",即"维摩"的意译)菩萨品第四:"佛告光严童子:'汝行诣维摩诘问疾。'光严白佛言:'世尊!我不堪任诣彼问疾,所以者何?忆念我昔出毗耶离大城,时维摩诘方入城,我即为作礼而问言:居士从何所来?答我言:吾从道场来。我问:道场者何所是?答曰:直心是道场,无虚假故;发行是道场,能办事故;深心是道场,增益功德故;菩提心是道场,无错谬故……(按:一连列举了三十二个"××是道场")故我不任诣彼问疾。'"

〔四〕直心是净土 语见维摩经佛国品第一:"(宝积)白佛言:'……唯愿世尊说诸菩萨净土之行。'佛言:'善哉宝积!乃能为诸菩萨问于如来净土之行,谛听谛听……宝积当知:直心是菩萨净土,菩萨成佛时,不谄众生来生其国;深心是菩萨净土,菩萨成佛时,具足功德众生来生其国;菩提心是菩萨净土,菩萨成佛时,大乘众生来生其国……(按:一连列举了十七个"××是菩萨净土")正见众生来生其国。'"

〔五〕维摩诘不合呵舍利弗宴坐林中　语见维摩经弟子品第三:"尔时长者维摩诘自念:'寝疾于床,世尊大慈,宁不垂愍?'佛知其意,即告舍利弗:'汝行诣维摩诘问疾。'舍利弗白佛言:'世尊!我不堪任诣彼问疾,所以者何?忆念我昔曾于林中宴坐树下,时维摩诘来谓我言:唯!舍利弗,不必是坐为宴坐也。夫宴坐者,不于三界现身意,是为宴坐;不起灭定而现诸威仪,是为宴坐;不舍道法而现凡夫事,是为宴坐;心不住内,亦不在外,是为宴坐;于诸见不动而修行三十七品,是为宴坐;不断烦恼而入涅槃,是为宴坐。若能如是坐者,佛所印可。时我,世尊,闻说是语,默然而止,不能加报。故我不任诣彼问疾。'"

〔六〕即有数百般如此教道者　惠昕等三本均作:"如此者众,如是相教。"

一五

善知识！定惠犹如何等？如灯光。有灯即有光，无灯即无光〔一〕。灯是光之体，_{原本之作知。}光是灯之用。名即有二，_{原本无名字。}体无两般。此定惠法亦复如是。

【校释】

〔一〕有灯即有光，无灯即无光　惠昕本作"有灯即光，无灯不光"，反
　　　不如法海本的文字通顺。

一六

善知识！法无顿渐，人有利钝。迷即渐劝，原本迷作明。悟人顿修，自识本心，原本此句作识白本（按：大正藏本作"识自本"，亦无"心"字）。自见本性〔一〕。原本自作是。悟即元无差别，不悟即长劫轮回。

【校释】

〔一〕自识本心，自见本性　"自识本心""自见本性"，就是所谓"明心见性""见性成佛"之义。这里，"心"谓"真心"，"性"谓"佛性"，二者含义本质相同。宗密禅源诸诠集都序卷上之一说："良由不识真心，每闻心字，将谓只是八识，不知八识但是真心上随缘之义。故马鸣菩萨以一心为法，以真如、生灭二门为义……心真如是体，心生灭是相用。只说此心不虚妄故云真，不变易故云如……泛言心者，略有四种，梵语各别，翻译亦殊。一、纥利陀耶，此云肉团心，此是身中五藏心也。二、缘虑心，此是八识，俱能缘虑自分境故……三、质多耶，此云集起心，唯第八识，积集种子、生起现行故。四、乾栗陀耶，此云坚实心，亦云贞实心，此是真心也。"同书卷上之二又说：这一"真心，无始本来性自清净，明明不昧，了了常知，尽未来际，常住不灭，名为佛性，亦名如来藏,亦名心地"。宗密还特别指出:"达摩所传,是此心也。""六代相传,皆如此也。"(同上)延寿宗镜录卷三说:"无始菩提涅槃之清净体者,此即真心,亦云自性清净心,亦云清净本觉。""唯一真心,周遍法界。"同书卷一六又说:"夫即心成佛者,为即真心? 为即妄心? 答:唯即真心。悟真心故,成大觉义,故称为佛……祖佛同指此心而成于佛。"

一七

善知识！我此法门，原本此作自。从上已来，顿渐皆立无念为宗，原本为作无。无相为体，原本为作无。无住为本〔一〕。原本住下有无字。何名无相〔二〕？原本名作明。无相者，原本无者字。于相而离相〔三〕；无念者，于念而不念〔四〕；无住者，为人本性〔五〕，念念不住〔六〕。前念、今念、原本今作念。后念，念念相续，原本续作读。无有断绝；若一念断绝，法身即是离色身〔七〕。念念时中，于一切法上无住，一念若住，念念即住，名系缚；原本系作击。于一切法上，念念不住，即无缚也。是以无住为本。原本无是字。善知识！但离一切相，原本但离作外杂。是无相；但能离相，性体清净。是以无相为体。原本重是字。于一切境上不染，原本境作镜。名为无念；于自念上离境，原本境作镜。不于法上生念。原本重不字，生念作念生。若百物不思，原本若作莫。念尽除却，一念断即死，原本死作无。别处受生〔八〕。学道者用心，莫不思法意。原本思作息。自错尚可，更劝他人迷，不自见迷，原本自作白。又谤经法〔九〕。是以立无念为宗。即缘迷人于境上有念，原本迷作名，境作镜。念上便起邪见，原本起作去。一切尘劳妄念〔一〇〕，从此而生。故此教门〔一一〕,立无念为宗。世人离见,原本离作杂。不起于念,若无有念,无念亦不立。无者无何事?念者念何物〔一二〕?原本无何上之念字。无者,离二相诸尘劳〔一三〕。真如是念之体,念是真如之用〔一四〕。自性起念,原本无自字,性作姓。虽即见闻觉知,原本知作之。不染万境,原本境作镜。而常自在。原本自作白。维摩经云:"外能善分别诸法相,内于弟一义而不动〔一五〕。"

【校释】

〔一〕无住为本 维摩经观众生品第七:"从无住本,立一切法。"

〔二〕何名无相 原本作"何名为相"(铃木校本同)。根据下句"无相者,于相而离相"的释文,应以"何名无相"为是。故依义校改。

〔三〕无相者,于相而离相 "相"谓事相。"离",表面含义,可作远离解;实际含义,则是不计较、不执著的意思。即下文所谓"即见闻觉知"而"不染万境"。尽管见色、闻声、觉触、知法,但由于不计较、不执著,所以并"不染万境"。亦即维摩经方便品所谓"入诸淫舍,示欲之过;入诸酒肆,能立其志"。虽逛妓院,并未胡搞;虽下酒馆,也未滥饮。

〔四〕于念而不念 于体念真如本性的正念上,远离杂念、妄念。维摩经观众生品第七:"又问:'欲除烦恼,当何所行?'答曰:'当行正念。'"所以,"无念"并非"百物不思",而是排除妄念、杂念。这里,"念"不是通常意义上的思维活动,而是一种直觉的内省、冥想。

〔五〕无住者,为人本性 对照下文"住"含二义,这里,人的"本性"也具二义:一、人的世俗本性,亦即宋儒所谓"气质之性";二、人的本有佛性,亦即真实本性。

〔六〕念念不住 "住"有二义:一、静止义。"不住",即迁流不止。

"前念、今念、后念,念念相续,无有断绝",即属此义。这是说,人的世俗本性,原是迁流不息、生灭无常的。二、执著义。"不住",即"无著"。下文"念念时中,于一切法上无住,一念若住,念念即住,名系缚;于一切法上,念念不住,即无缚也",即属此义。这是说,人的本有佛性,原是无著、无缚而常自在的。

〔七〕若一念断绝,法身即是离色身 亦即下文所谓"一念断即死,别处受生"之义。这也就是形神相离的思想。不过,严格说来,"法身即是离色身"的说法,是有毛病的。因为,按照大乘教义,"法身"亦即"真如""佛性",它是无所不在的,说它"即是离色身",那就表明了它也是有局限、而并非遍在的了。

〔八〕别处受生 此处死,别处生,此之谓"轮回"。

〔九〕又谤经法 经言"无念",只是说无杂念、妄念,并非连"正念"亦"无"之;若把"无念"误解为"百物不思,念尽除却",不仅自作此解,而且还"更劝他人",那就是诽谤经法了。这里的"经法",系泛指,并非专指某经。

〔一〇〕一切尘劳妄念 犹言"一切烦恼杂念"。

〔一一〕故此教门 "故"原本作"然",按:"然"当作"故"。契嵩本、宗宝本均作"故此法门"。

〔一二〕无者无何事? 念者念何物 "无念"原是一个词,这里却又"分而言之",这也反映出慧能传教,是非常随自意的。

〔一三〕离二相诸尘劳 生灭、有无、空有、人我、是非、染净、内外等等,均称"二相"。计较二相,必将障蔽"真如本性",故称这种烦恼妄见为"尘劳"。"尘"谓情尘、尘垢;"劳"谓劳累、烦扰。"尘劳"非一,故谓之"诸"。此句下铃木校本根据契嵩本、宗宝本补入"念者,念真如本性"一句,并加校注云:"原本无念者念真如本性七字。"

〔一四〕念是真如之用 依真如而起念,自然是"正念""真念"。本来是在讲"无念",却又讲到"有念"。可见慧能思想的归宿处，是"有"而不是"空"。不过，"真如"是无为法，它既然也有了起念之用，那不又成了有为法了吗？可见，慧能在运用逻辑范畴时，是很不严格的。

神会语录第二〇节"嗣道王问"中，也有一段关于"无念法"的议论，兹节录于此，以资参考："又问曰：'无念者（按：铃木校本："念字疑衍。"）无何法？是念者念何法？'答曰：'无者无有二法，念者唯念真如。'又问：'念者与真如有何差别？'答：'亦无差别。'问：'既无差别，何故言念真如？'答曰：'所言念者，是真如之用；真如者，即是念之体。以是义故，立无念为宗。若言无念者（按：铃木校本："胡适本言作见。"），虽有见闻觉知，而常空寂。'"

〔一五〕维摩经云……内于弟一义而不动　语见维摩经佛国品第一："能善分别诸法相，于第一义而不动。"原文无"外""内"二字。这两句经文的意思是说：能够善于分别（观察、了解）诸法事相的人，便能了知一切法相当体都是"真如法性"，因而他们也就能够对于"真如法性"这一"第一义"（"义"，谓义理，这里作"真"理解，所以也称"第一义谛"，"谛"即真理。在一切义理中，"真如法性"是最高、最终极的真理，所以称为"第一义"）而的信无疑，毫不动摇。动，也可作乖离、背离解。意谓"能善分别诸法相"的人，便能不背离于"第一义"。

印顺说："'无相为体，无住为本，无念为宗'，这是坛经所传的修行法。"（中国禅宗史页三五七）可见，所谓"三无"，只是讲的一种修行法；如果把它们看作是慧能的中心思想，那就很不准确了。

一八

善知识,原本知作诸。此法门中,坐禅元不看心,原本坐作座,看作著。亦不看净,原本看作著。亦不言不动。原本无言下不字。若言看心,心元是妄〔一〕,妄如幻故,无所看也。若言看净,人性本净〔二〕,原本性作姓。为妄念故,盖覆真如。离妄念,本性净。原本性作姓。不见自性本净,原本性作姓。起心看净,原本起心作心起。却生净妄,妄无处所,故知看者却是妄也。原本者下有看字。净无形相,却立净相,言是功夫,作此见者,障自本性,原本障作章,性作姓。却被净缚。若言不动者,原本无言字。不见一切人过患,原本无不字。是性不动。迷人自身不动,开口即说人是非,与道违背。看心看净,却是障道因缘〔三〕。

【校释】

〔一〕心元是妄　这是指妄心而言。宗密禅源诸诠集都序卷下之二说:"心有二种:一者真,二者妄。"妄心就是生灭心,真心就是真如。宗密并详细表列了真、妄二心的区别。延寿宗镜录卷三也说:"问:'以心为宗,理须究竟,约有情界,真妄似分,不可雷同,有滥圆觉,如金鍮共熱,真伪俄分;砂米同炊,生熟有异。未审

43

以何心为宗?'答:'诚如所问,须细识心,此妙难知,唯佛能辩。只为三乘慕道,见有差殊,错指妄心以为真实……迷心迷性,皆为执斯缘虑,作自己身;遗此真心,认他声色。斯则出俗外道、在家凡夫之所失也。'"同书又说:"问:'真妄二心,各以何义名心?以何为体?以何为相?'答:'真心以灵知寂照为心,不空无住为体,实相为相。妄心以六尘缘影为心,无性为体,攀缘思虑为相。此缘虑觉了能知之妄心而无自体,但是前尘,随境有无,境来即生,境去即灭。'"真心是以"不空无住为体",值得注意。延寿还明确指出:"则从上禀受,以此真心为宗。"可见慧能讲到"妄心"时,即但指"妄心"。如果以"妄"为"真",或者混"真"于"妄",那就必然要误解慧能与坛经。

〔二〕人性本净　这里所谓"本净"的"人性",亦即"本性""本心""真如"。神会语录第二四节:"真如之性,即是本心。"所以,不能以通常的意义来理解慧能在这里所讲的"人性"。

〔三〕若言不动者……却是障道因缘　契嵩本(宗宝本同)作:"若修不动者,但见一切人时,不见人之是非、善恶、过患,即是自性不动。善知识!迷人身虽不动,开口便说他人是非、长短、好恶,与道违背。若著心著净,却障道也。"

一九

　　今既如是,原本既如作记汝。此法门中,何名坐禅? 原本坐作座。此法门中,一切无碍,外于一切境界上念不起为坐,原本起作去,坐作座。见本性不乱为禅〔一〕。原本性作姓。何名为禅定? 外离相曰禅,原本离作杂。内不乱曰定。外若著相,内心即乱,外若离相,内性不乱〔二〕。原本外若著相云云十六字,作外若有相,内姓不乱。本性自净自定,原本无性字。只缘触境,原本触境作境触。触即乱,离相不乱即定。外离相即禅,内不乱即定,原本内下有外字。外禅内定,故名禅定〔三〕。维摩经云:“即时豁然,原本时作是。还得本心〔四〕。”菩萨戒云:“本元自性清净〔五〕。”原本元作须,自作白,性作姓。善知识! 见自性自净,原本性作姓。自修自作自性法身〔六〕,原本性作姓。自行佛行,自作自成佛道。

45

【校释】

　　〔一〕见本性不乱为禅　把“坐禅”一词拆开来讲,并各赋以不同含义,这不单单是一种望文生义的作法,也反映了慧能思想的特点。

　　〔二〕外若著相,内心即乱,外若离相,内性不乱　此十六字契嵩本

（宗宝本同）作："外若著相，内心即乱，外若离相，心即不乱。"铃木校本据改如上，只是把契嵩本的"心即不乱"，改为"内性不乱"，易"心"为"性"，意思略同，可从。

〔三〕外禅内定，故名禅定 把"禅定"一词分开来讲，情况一如对于"坐禅"一词的解释。

〔四〕即时豁然，还得本心 语见维摩经弟子品第三："时维摩诘即入三昧（按："入三昧"，即入定），令此比丘（按：指一群新学比丘）自识宿命……即时豁然，还得本心。"所谓"本心"，即本来具有的"真如之心"。

〔五〕本元自性清净 这里的菩萨戒，指梵网经。语见梵网经卷下："金刚宝戒，是一切佛本源，一切菩萨本源，佛性种子。一切众生，皆有佛性……是一切众生戒本源自性清净。"这里讲的，是作为"佛性种子"的"戒"体本源"自性清净"。坛经引此，系指"本心""本性"（真如、佛性）本自清净，取意与梵网还可相通。铃木校本（据宗宝本）作"我本元自性清净"（契嵩本作"我本性元自清净"），并加校注谓："原本无我字。"前面加一"我"字，多少反有失梵网原意。

〔六〕自修自作自性法身 对于这一节，胡适又从神会语录（第四七节）里找出一条坛经系神会作品的内证："念不起为坐，见本性为禅。"

二○

　　善知识！总须自体，与授无相戒〔一〕，原本授作受。一时逐惠能口道，令善知识见自三身佛："于自色身，归依清净法身佛；原本依作衣。于自色身，归依千百亿化身佛；原本依作衣。于自色身，归依当来圆满报身佛〔二〕。"原本依作衣。（已上三唱。）色身是舍宅，不可言归，向者三身在自法性〔三〕，世人尽有，为迷不见，原本迷作名。外觅三身如来，原本无身字。不见自色身中三身佛。原本身作性。善知识！听汝善知识说〔四〕：今善知识〔五〕于自色身原本今作令，于作衣。见自法性有三身佛，原本身作世。此三身佛，从性上生。何名清净法身佛？原本无法字。善知识！世人性本自净，万法在自性〔六〕。原本性作姓。思量一切恶事，原本无恶字。即行于恶；原本于作衣。思量一切善事，便修于善行。如是一切法尽在自性。原本如上有知字，性作姓。自性常清净。原本性作姓。日月常明，原本明作名。只为云覆盖，上明下暗，原本明作名。不能了见日月星辰，原本星作西。忽遇惠风吹散，卷尽云雾，万象参罗〔七〕，一时皆现。世人性净，犹如青天〔八〕，惠如日，智如月〔九〕，智惠常明。原本明作名。于外著境，原本著境作看敬。妄念浮云盖覆，自性不能明〔一〇〕。原本性作姓。故遇善知识开真法，吹却迷妄，原本迷作名。内外明彻，原本明作名。于自性中，原本性作姓。万法皆见〔一一〕。一切法自在性〔一二〕，原本性作姓。名为清净法身〔一三〕。自归依者，原本依作衣。除不善行，是名归依。原本依作衣。何名为千百亿化身佛〔一四〕？不思量，性即空寂；思量即是自化。思量恶法，化为地狱；思量善法，化为天堂。毒害化为畜生，慈悲化为菩萨，智惠化为上界，愚痴化为下方。自性变化甚多，原本性作姓，多作名。迷人自不知见。一念善，智惠即生〔一五〕。原本智作知。一灯能除千年暗，一智能灭万年愚。莫思向前，常思于后〔一六〕。常后念善，名为报身〔一七〕。一念恶，报却千年善亡〔一八〕；原本亡作心。一念善，报却千年恶灭〔一九〕。无常已来〔二〇〕，后念善，名为报身。从法身思量，即是化身；念念善，即是报身。自悟自修，即名归依也。原本依作衣。皮肉是色身，色身是舍宅，原本无色身二字。不言归依也。原本言作在。但悟三身，即识大意。原本意作亿。

【校释】

〔一〕授无相戒　"无相戒"，义见前第一节注〔五〕。

〔二〕归依当来圆满报身佛　以上，"法身佛""报身佛""化身佛"，佛教称之为"三身佛"，或佛的"三身"。其中，"法身"（又叫"自性身"）称为"毗卢遮那"，义为"遍一切处"，乃成佛时所契证的最高的精神实体，即所谓"诸法实性"，亦即"真如""佛性"。涅槃经金刚身品第五："如来身者，是常住身，不可坏身，金刚之身，非杂食身，即是法身。"这种"法身"，"不生不灭，不习不修，无量无边，毕竟清净"（同上），所以，严格说来，所谓"法身"，乃是"法性"，并非是"身"。"报身"（又叫"受用身"），称为"卢舍那",义为"净满",即成佛时所获得的清净圆满果报之身。这种清净庄严、功德圆满的果报之身,高踞佛国,不来人世,只供自己受用,众生无缘分享。泛指将要成佛者,可称"当来";若指释迦报身,"当来"之说,便不确切。"化身"(又叫"应身""变化身"),指的就是释迦牟尼,为了化导苦难众生,应化人间,宣扬佛教。"化身"不限一类,可以随类应化,所以又称做"千百亿化身"。梵网经卷下说:"我今卢舍那,方坐莲花台,周匝千花上,复现千释迦。一花百亿国,一国一释迦,各坐菩提树,一时成佛道。如是千百亿卢舍那本身,千百亿释迦,各接微尘众。"这是说,光是释迦化身,即有千百亿之多,其他化身佛,当更多得不可胜数!于自色身,归依三佛,表示于自身中即具三佛。

〔三〕向者三身在自法性　袾宏弥陀疏钞卷一说:"言性有二:兼无情分中,谓之法性;独有情分中,谓之佛性。""有情",指有情识者,实则包括一切动物。"无情",即指动物以外的一切自然现象。单就一切动物而言,称做"佛性",即所谓"一切众生,皆有佛性"。泛指一切现象而言,称为"法性",即所谓"诸法实性"。(唐译——下同)楞伽经如来常无常品第五说:"诸佛如来所证法性,法住法位,如来出世,若不出世,常住不易。"可见,佛性、法性、实性、自性、本性、法身、本心、真如等等称谓,实质上指的都是一个东西——佛教所幻想的最高的、永恒的精神实体。它是慧能的思想核心、理论基础;也是慧能心目中的宇宙实体、世界本原。一"法性"中,备具"三身",所以说"三身"尽在"自法性"中。

〔四〕听汝善知识说　这里的"善知识",系指慧能自己。

〔五〕今善知识　这里的"善知识",系指听众。

〔六〕万法在自性　"自性",即"法性"。"万法在自性",意谓"万法"(即所谓"森罗万象"——宇宙万有)都是由"真如""法性"的自性派生的,因此,"万法"本身就是"真如""法性";亦即所谓"无不从此法界流,无不还归此法界"——"法界",亦即法性的另一称谓。楞伽经刹那品第六说:"如来藏是善不善因,能遍兴造一切趋生。"所谓"如来藏",亦即法性、佛性、真如等的另一称谓。由于一切都是由如来藏兴造的,所以一切尽在如来藏中,亦即"万法尽在自性"。慧能的"真心"一元论——"真如缘起"论的世界观,就言简意赅地包括在这"万法在自性"的一言之中! 这一句话,惠昕等三本均作"万法从自性生",意思更加清楚。于此可见,慧能所讲的心(自然是"真心")、性(自然是"法性"),确乎是宇宙实体,世界本原。

〔七〕万象参罗 "象"原本作"像",今依义改。

〔八〕犹如青天 "青"原本作"清",今依义改。

〔九〕惠如日,智如月 这里,慧能又把"智慧"一词拆开来用。则"慧"当是指观察现象的"后得智","智"当是指了悟本体的"根本智"。

〔一〇〕妄念浮云盖覆,自性不能明 楞伽经刹那品第六说:"此如来藏藏识本性清净,客尘所染,而为不净。"涅槃经如来性品第十二说:"一切众生所有佛性,为诸烦恼之所覆蔽。""一切众生……虽有佛性,皆不能见,而为贪淫、瞋恚、愚痴之所覆蔽。""如来秘藏……为诸烦恼丛林所覆,无明众生不能得见。"

50

〔一一〕万法皆见 "见",同"现"。慧能用"于自性中,万法皆现"这种简洁语言,明确地表达了他的"真心"一元论——"真如缘起"论的观点。

〔一二〕一切法自在性 "一切法"的"自在性",亦即"真如""法性"。

〔一三〕名为清净法身 可见,"法身"就是"自性""本性""法性""真如""佛性"。这里,慧能对于"法身"的释义,还是符合佛教传统教义的。

〔一四〕何名为千百亿化身佛　这里,慧能对于"化身佛"的释义,完
　　　　全是随自意的,完全不是"化身佛"的传统含义。

〔一五〕此句下,铃木校本据惠昕本增补如下两句:"此名自性化身。
　　　　何名圆满报身?"并加校注云:"原本无此名自性化身,何名圆
　　　　满报身十二字,今据兴圣寺本补之。"今按:可不补。

〔一六〕莫思向前,常思于后　惠昕等三本均作:"莫思向前,已过不
　　　　可得;常思于后,念念圆明,自见本性。"则"向前"实为"向
　　　　后"——向已往,向过去;"思后"实为"思前"——思将来。它
　　　　的含义,颇似现在所谓"不要向后看,要向前看"。当然,慧能
　　　　的"常思于后",并不是要人们面对现实,而是要人们直觉冥
　　　　想——"念念圆明,自见本性"。归根结底,是要把人们的注
　　　　意力引向彼岸世界。

〔一七〕常后念善,名为报身　慧能对于"报身"的释义,也是不符合
　　　　传统教义的。

〔一八〕一念恶,报却千年善亡　惠昕等三本均作:"自性起一念恶,
　　　　灭万劫善因。"

〔一九〕一念善,报却千年恶灭　惠昕等三本均作:"自性起一念善,
　　　　得恒沙恶灭。"

〔二〇〕无常已来　惠昕本作:"直至无常。""无常",乃"死"的异名。
　　　　"无常已来",意即"死期已到"。

今既自归依三身佛已，与善知识发四弘大愿。善知识！一时逐惠能道："众生无边誓愿度，烦恼无边誓愿断，法门无边誓愿学，无上佛道誓愿成〔一〕。"三唱。善知识！"众生无边誓愿度"，不是惠能度。善知识！心中众生，各于自身自性自度。原本性作姓。何名自性自度？原本性作姓。自色身中，邪见、烦恼、愚痴、迷妄原本迷作名。自有本觉性，将正见度，既悟正见般若之智，除却愚痴迷妄众生，各各自度。邪来正度，原本来作见。迷来悟度，愚来智度，恶来善度，烦恼来菩提度。原本提作萨。如是度者，是名真度。"烦恼无边誓愿断"，自心除虚妄〔二〕。"法门无边誓愿学"，学无上正法。"无上佛道誓愿成"，常下心行，恭敬一切，远离迷执，觉知生般若，除却迷妄，即自悟佛道成，行誓愿力。

52

【校释】

〔一〕众生无边誓愿度……无上佛道誓愿成　四弘誓愿的传统提法是："众生无边誓愿度，烦恼无尽誓愿断，法门无量誓愿学，佛道无上誓愿成。"意即誓愿度脱无边众生，誓愿断除无尽烦恼，誓愿学习无量法门，誓愿成就无上佛道。发此四种弘誓大愿者，便是菩萨。

〔二〕"烦恼无边誓愿断",自心除虚妄　慧能以"虚妄"概括"无边烦
恼",虽很简要,并不确切。因为,"烦恼"固属"虚妄",但"虚
妄"并不都是"烦恼"。"凡所有相,皆是虚妄",非独"烦恼"
为然。

今既发四弘誓愿讫，与善知识说无相忏悔〔一〕，原本无说字。灭三世罪障。原本无灭字。大师言："善知识！前念、后念及今念，念念不被愚迷染，原本不重念字。从前恶行一时，原本如此，疑缺一字。自性若除即是忏。原本性作姓，忏下有悔字。前念、后念及今念，念念不被愚痴染〔二〕，原本无不字。除却从前矫诳心，原本诳作谁。永断名为自性忏。前念、后念及今念，原本无今念二字。念念不被疽疾染〔三〕，除却从前嫉妒心，原本嫉妒作疾垢。自性若除即是忏。"已上三唱。善知识！何名忏悔？忏者终身不作，原本无忏字。悔者知于前非恶业，恒不离心。诸佛前口说无益，我此法门中，永断不作，名为忏悔〔四〕。

54

【校释】

〔一〕与善知识说无相忏悔 "无相忏悔"，义似"无相戒"。有罪可忏，有过可悔，都是有相的。既然无相，又何忏悔之有！

〔二〕念念不被愚痴染 "愚痴"，惠昕本作"憍诳"。

〔三〕不被疽疾染 疽，音蛆。说文："疽，痈也。"则这里用"疽疾"这个词，显然是不合适的。契嵩本（宗宝本同）作："念念不被嫉妒染,所有恶业嫉妒等罪,悉皆忏悔。"意义比较明确。

〔四〕何名忏悔……名为忏悔　惠昕本(契嵩本、宗宝本略同)作:
　　"云何名忏? 云何名悔? 忏者忏其前愆,从前所有恶业愚迷、憍
　　诳、疽妒(按:契嵩本、宗宝本"疽妒"作"嫉妒",下同)等罪,悉
　　皆尽忏,愿(按:契嵩本、宗宝本"愿"作"永")不复起,是名为
　　忏。悔者悔其后过,从今已后,所有恶业愚迷、憍诳、疽妒等罪,
　　今已觉悟,悉皆永断,不复更作,是名为悔。"

今既忏悔已，与善知识授无相三归依戒〔一〕。原本授作受。大师言："善知识！原本知作智。归依觉〔二〕，原本依作衣。两足尊〔三〕；归依正，原本依作衣。离欲尊；原本无尊字。归依净，原本依作衣。众中尊。从今已后，称佛为师，更不归依馀邪迷外道〔四〕。原本依作衣，迷作名。愿自三宝〔五〕，慈悲证明。原本证明作灯名。善知识！惠能劝善知识归依三宝。原本重善字，依作衣。佛者，觉也；法者，正也〔六〕；僧者，净也〔七〕。自心归依觉，邪迷不生，原本迷作名。少欲知足，离财离色，名两足尊〔八〕。自心归依正〔九〕，念念无邪故，即无爱著，以无爱著，名离欲尊。自心归依净〔一〇〕，一切尘劳妄念，虽在自性，原本性作姓。自性不染著，原本性作姓。名众中尊。凡夫不解，原本无不字。从日至日，受三归依戒〔一一〕。原本依作衣。若言归佛，佛在何处？若不见佛，即无所归；既无所归，言却是妄〔一二〕。善知识，各自观察，莫错用意。经中只即言自归依佛，不言归依他佛〔一三〕；原本无依字。自性不归，原本性作姓。无所依处。"原本无依字。

【校释】

〔一〕与善知识授无相三归依戒　"无相三归依"，与"无相戒""无相忏"的情况相类似：既称无相，何论归依！而且，"三归依"只是归依，并不是戒，称"三归依戒"，于义欠通。

〔二〕归依觉　佛者，觉也。"归依觉"，即"归依佛"。

〔三〕两足尊　佛教宣称：到了佛位，便福德圆满，因而就万德庄严；智慧圆满，因而就智慧无量。福足、慧足，称"两足尊"。

〔四〕更不归依馀邪迷外道　佛教通常贬称佛教以外的各种思想流派为"邪魔外道"，这里称"邪迷外道"，稍异常称。

〔五〕愿自三宝　佛教称佛陀、教法、僧团为佛、法、僧三宝。慧能讲的是"自心""自性"本来具有的"三宝"，所以称"自三宝"。

〔六〕法者，正也　佛的教法，亦称"正法"，训"法"为"正"，勉强可通。

〔七〕僧者，净也　梵语"僧伽"，意译为"众"，训"僧"为"净"，于义欠通。

〔八〕离财离色，名两足尊　以"离财""离色"训释"两足"，不仅不符合传统教义，简直是对佛陀的贬低。

〔九〕自心归依正　原本无"依"字，今据惠昕等本补。

〔一〇〕自心归依净　原本无"依"字，今据惠昕等本补。

〔一一〕凡夫不解，从日至日，受三归依戒　意谓：愚昧的凡夫，由于不了解"自心三宝"的意义，反而徒劳地一日复一日地向外面去"受三归依"。"凡夫不解"，惠昕等三本均作"凡夫不会"。改"解"为"会"，更带禅味。

〔一二〕若不见佛，即无所归；既无所归，言却是妄　"既无所归"，而又言归，岂非虚妄！这里，慧能以"若不见佛，即无所归"的命题，来否定通常意义上的"归依佛"，它实已开启日后呵佛狂禅的端倪。

〔一三〕经中只即言自归依佛,不言归依他佛 这里的"经中",在慧
能原是泛指,实则应是华严经。华严经净行品第十一说:"自
归于佛,当愿众生,绍隆佛种,发无上意。自归于法,当愿众
生,深入经藏,智慧如海。自归于僧,当愿众生,统理大众,一
切无碍。"经文的意思是很清楚的:自己归依了佛,同时也要
祝愿一切众生都能如此(归法、归僧,义皆相同)。慧能硬把
"自"字解释为"自心""自性",这实在是对经义的曲解! 如
果按照慧能的见解,那就不该称做"归依三宝",而应该是"归
依自心"或"归依自性"了!

二四

今既自归依三宝，_{原本依作衣。}总各各至心，与善知识说摩诃般若波罗蜜法。善知识！虽念不解，<u>惠能</u>与说，各各听。"摩诃般若波罗蜜"者，西国<u>梵</u>语，<u>唐</u>言"大智惠彼岸到"〔一〕。此法须行，不在口念。_{原本无念字。}口念不行，如幻如化。_{原本无幻字。}修行者，法身与佛等也〔二〕。何名"摩诃"？"摩诃"者，是"大"。心量广大〔三〕，犹如虚空，若空心坐，_{原本若空作莫定，坐作座。}即落无记空〔四〕。_{原本记作既。}虚空能含日月星辰、大地山河，_{原本无虚空二字，河作何。}一切草木、恶人善人、恶法善法、天堂地狱，尽在空中；世人性空〔五〕，亦复如是。

【校释】

〔一〕大智惠彼岸到 "摩诃"，大义："般若"，智慧；"波罗蜜"，到彼岸。这里，"彼岸"不是彼岸世界，而是终极、彻底、究竟的意思。"般若波罗蜜"，意谓最高、最终极的智慧。

〔二〕此法须行……法身与佛等也 <u>惠昕</u>等三本均作："此须心行，不在口念。口念心不行，如幻如化，如露如电。口念心行，即心口相应，本性是佛，离性无别佛。"

〔三〕心量广大　本是在讲般若之"大",却又讲起"心量广大",以及下一节的"性含万法是大"等等,分明是在借题发挥了。

〔四〕即落无记空　"无记",乃不思善恶、昏然蒙昧的一种心理状态。

〔五〕世人性空　这里的"性空",与般若"性空"含义不同。般若"性空",是一种全称否定:无论是此岸之妄或彼岸之真,"一切皆空"——自性本空,谓之"性空"。而这里(以及整个禅宗)所谓"性空",则只是一种特称否定:只空虚妄,不空真实——真如、佛性。真如、佛性(本性、自性),则是真有,而不是空。真性无妄,谓之"性空"。在逻辑范畴上,绝不可混淆般若与禅宗的根本区别。

二五

性含万法是大，万法尽是自性[一]。原本性作姓。见一切人
及非人，恶之与善，原本之作知。恶法善法，尽皆不舍，不可染著，
由如虚空，名之为大。此是摩诃行。迷人口念，智者心行。原本
无行字。又有迷人，原本迷作名。空心不思，名之为大，此亦不是。
心量大，不行是小[二]。原本小作少。莫口空说，不修此行，非我
弟子。

【校释】

〔一〕万法尽是自性　"万法尽是自性"，较之"万法尽在自性"，"真
　　　心"一元论的观点，表达得更为突出了：举万法本身，当体就是
　　　自性——真如、法性。以后禅宗的那种"青青翠竹，尽是法身；
　　　郁郁黄花，无非般若"的论调，不正是"万法尽是自性"这种思
　　　想的合乎逻辑的发展吗？

〔二〕心量大，不行是小　惠昕等三本均作："心量大事，不行小道。"

61

何名般若？般若是智惠。一切时中，原本无切字。念念不愚，常行智惠，即名般若行。一念愚即般若绝，一念智即般若生。世人心中常愚，原本无世人二字。自言我修般若〔一〕。原本无自言二字。般若无形相，原本无般若二字。智惠性即是。何名波罗蜜？此是西国梵音，唐言彼岸到〔二〕。原本无唐字。解义离生灭，著境生灭起，原本境作竟，起作去。如水有波浪，即是于此岸〔三〕；离境无生灭，如水永长流〔四〕，故即名到彼岸〔五〕，故名波罗蜜。原本波作般。迷人口念，智者心行，当念时有妄，有妄即非真有；念念若行，是名真有〔六〕。悟此法者，悟般若法，修般若行；不修即凡，一念修行，法身等佛〔七〕。善知识！即烦恼是菩提〔八〕。原本提下有捉字。前念迷即凡，后念悟即佛。善知识！摩诃般若

波罗蜜，最尊、最上、弟一，无住、无去、无来。三世诸佛从中出，将大智惠到彼岸，原本智作知。打破五阴〔九〕烦恼尘劳〔一〇〕，最尊、最上、弟一。赞最上最上乘法〔一一〕，修行定成佛。无去、无住、无来往，是定惠等，不染一切法，三世诸佛从中变三毒〔一二〕为戒定惠〔一三〕。

【校释】

〔一〕世人心中常愚,自言我修般若　惠昕等三本均作:"世人愚迷,不见般若,口说般若,心中常愚,自言我修般若。"

〔二〕唐言彼岸到　"唐言",惠昕本作"此言"。

〔三〕即是于此岸　"是于",契嵩本、宗宝本作"名为"。

〔四〕如水永长流　惠昕等三本此句均作"如水常流通"。

〔五〕……故即名到彼岸　以"水有波浪"喻"此岸"、"如水长流"喻"彼岸",均不贴切。因为,无论波浪、流水,均在河中(中流),不在两岸。

〔六〕念念若行,是名真有　惠昕等三本均作:"念念若行,是名真性。"则"真有"即指"真性","真性"就是"真有"。可见慧能之禅,确非"空"宗。

〔七〕一念修行,法身等佛　惠昕本同;契嵩本、宗宝本则作:"一念修行,自身等佛。"铃木校本据以改"法"为"自"。其实,"法身等佛"要比"自身等佛"更妥切些。

〔八〕即烦恼是菩提　因为"万法尽是自性"——举万法本身都是真如、法性,所以,烦恼本身自然也就是菩提。诸法无行经卷下说:"菩提与贪欲,是一即非二……贪欲之实性,即是佛法性;佛法之实性,亦是贪欲性!"

〔九〕五阴　色(物质,人的形体)、受(感受)、想(思维)、行(意志)、识(意识——后四者为人的心理活动)五者,旧译"五阴",新译"五蕴"。"阴"者,荫蔽义;"蕴者",类义,聚义。

〔一〇〕打破五阴烦恼尘劳　意谓用大智慧的力量,来打破由五阴而引起的烦恼尘劳。烦恼就是尘劳。"烦恼尘劳",同义反复。

〔一一〕赞最上最上乘法　疑衍一个"最上"。

〔一二〕三毒　贪、瞋、痴三者,能够毒害众生的法身、慧命,故称"三毒"。

〔一三〕为戒定惠　称为"三学"——三种学处。凡是佛教徒,都应认
　　　　真修学戒、定、惠,所以戒、定、惠被称为三种"学处"——简称
　　　　"三学"。"三学",是与"三毒"对称的。"变三毒为戒定惠",
　　　　亦即变"三毒"为"三学"。佛经中所谓"我说淫、怒、痴,即是
　　　　戒、定、惠"(淫、怒、痴,即贪、瞋、痴),就是这个意思。

二七

善知识！我此法门，从一般若生八万四千智惠。原本无一般若生四字。何以故？为世有八万四千尘劳〔一〕；若无尘劳，般若常在，不离自性。原本性作姓。悟此法者，即是无念、无忆、无著，原本忆作亿。莫起诳妄，原本起诳作去谁。即自是真如性。原本性作姓。用智惠观照，原本智作知。于一切法不取不舍，即见性成佛道。原本性作姓。

【校释】

〔一〕八万四千尘劳　即八万四千烦恼。烦恼的"八万四千"，同智慧的"八万四千"，统系概数，并非确数。据说，世间众生具有八万四千烦恼，为了对治这么许多的烦恼，就得有相应数目的法门（智慧），所以便有了"八万四千法门"，这里称为"八万四千智惠"。

二八

　　善知识！若欲入甚深法界[一]、入般若三昧[二]者，直修般若波罗蜜行，但持金刚般若波罗蜜经一卷，即得见性[三]，入般若三昧。当知此人功德无量[四]，经中分明赞叹，<small>原本明作名。</small>不能具说[五]。此是最上乘法，为大智上根人说；小根智人[六]，<small>原本小作少。</small>若闻此法[七]，心不生信。何以故？譬如大龙，若下大雨，雨于阎浮提[八]，<small>原本于作衣。</small>如漂草叶；若下大雨，雨于大海，<small>原本于作放。</small>不增不减。若大乘者[九]，闻说金刚经，心开悟解。故知本性自有般若之智，自用智惠观照，<small>原本智作知。</small>不假文字[一〇]。譬如其雨水，不从天有，<small>原本天作无。</small>元是龙王于江海中，<small>原本元作无。</small>将身引此水，令一切众生、一切草木、一切有情无情[一一]，悉皆蒙润。<small>原本蒙作像。</small>诸水众流，却入大海，海纳众水，合为一体。众生本性般若之智，亦复如是。

【校释】

〔一〕**甚深法界**　"界"，性义。"法界"，即"法性"（真如、佛性等等）的另一称谓。

〔二〕**般若三昧**　这里，"三昧"不作通常含义的"正定"（等持）解，而是"甚深""究竟"的意思。"般若三昧",犹言"甚深般若""究竟般若"。

〔三〕但持金刚般若波罗蜜经一卷,即得见性　诵金刚经,即得见性。慧能始终是以佛性论者的观点来理解金刚经、宣传金刚经的。

〔四〕此人　即诵经、见性的人。

〔五〕不能具说　宣扬诵持金刚经者有无量功德的经文,充斥于金刚全经。这里,且举三例,以资参考:其一,依法出生分第八:"'须菩提! 于意云何? 若人满三千大千世界七宝以用布施,是人所得福德宁为多不?'须菩提言:'甚多,世尊……若复有人,于此经中,受持乃至四句偈等,为他人说,其福胜彼!'"其二,无为福胜分第十一:"'须菩提! 如恒河中所有沙数,如是沙等恒河,于意云何? 是诸恒河沙,宁为多不?'须菩提言:'甚多,世尊! 但诸恒河尚多无数,何况其沙?'‘须菩提! 我今实言告汝:若有善男子、善女人,以七宝满尔所恒河沙数三千大千世界以用布施,得福多不?'须菩提言:'甚多,世尊!'佛告须菩提:'若善男子、善女人,于此经中,乃至受持四句偈等,为他人说,而此福德胜前福德!'"其三,如法受持分第十三:"……须菩提! 若有善男子、善女人,以恒河沙等身命布施,若复有人,于此经中,乃至受持四句偈等,为他人说,其福甚多!"金刚经之所以也引起了一些禅宗者流的兴趣,受持此经、得大福报的说教,也许起了颇大的诱惑作用吧!

〔六〕小根智人　惠昕等三本均作"小根小智人"。即根器(义近禀赋)低劣、缺少智慧的人。

〔七〕若闻此法　原本无"此"字,今依义补。

〔八〕雨于阎浮提　"阎浮提",新译"赡部洲"。佛教传说,以须弥山为中心,东、南、西、北分四大洲:东胜神洲,南赡部洲,西牛贺洲,北俱卢洲。南赡部洲,即我们所处的这个世界。

铃木校本于此句下依惠昕等三本增补"城邑、聚落,悉皆漂流"八字,并加校注"原本无城邑、聚落,悉皆漂流八字"。今按:可不补。

〔九〕若大乘者 "大乘者",即"大乘人"。"乘",音剩,有道路、运载两种含义。大乘,乃佛教两大派别之一,系"小乘"的对称。

〔一〇〕不假文字 这可说是日后禅宗标榜"不立文字"之所据。

〔一一〕一切有情无情 惠昕等三本均无"一切",而作"令一切众生、一切草木、有情无情,悉皆蒙润"。

坛经校释

68

二九

小根之人〔一〕,原本小作少。闻说此顿教,犹如大地草木根性自小者,原本小作少。若被大雨一沃,悉皆自倒,原本倒作到。不能增长;小根之人,原本小作少。亦复如是。有般若之智之〔二〕,与大智之人,亦无差别〔三〕,因何闻法即不悟?缘邪见障重,烦恼根深。犹如大云,盖覆于日,不得风吹,日无能现。般若之智,亦无大小〔四〕,为一切众生自有迷心,外修觅佛,未悟自性,原本未作来。即是小根人。闻其顿教,不假外修,原本假作信。但于自心,令自本性常起正见,烦恼尘劳众生,当时尽悟〔五〕,犹如大海,纳于众流,小水大水,合为一体,即是见性。内外不住,来去自由,能除执心,通达无碍,能修此行,原本能作心。即与般若波罗蜜经本无差别〔六〕。

69

【校释】

〔一〕小根之人　"根",谓"根机""根器""根性",义近"禀赋"。佛
　　　教称悟解高深者为"上根""利根",与之对称的为"下根""钝
　　　根"。同时,在佛典中,一般有"大根器"之说,却也很少有只称
　　　"大根"的;所以,只称"小根",也不确切——确切些说,应称

"小根器人"。

〔二〕有般若之智之　"智"下"之"字,疑衍。

〔三〕与大智之人,亦无差别　惠昕等三本均作:"元有般若之智,与大智人更无差别。"意谓小根器人本来具有的般若,同大智人并无差别。

〔四〕般若之智,亦无大小　意谓性具般若,本无大小。

〔五〕烦恼尘劳众生,当时尽悟　意谓:只要能于自心常起正见,即使是"烦恼尘劳众生",也能当下即悟——当下见性。

〔六〕即与般若波罗蜜经本无差别　按照慧能的观点,说与般若"本无差别",还说得通;说与般若"本无差别",就不准确。因为,般若讲"空",慧能说"有"(佛性),"有"之与"空",根本不同!

三〇

一切经书及文字，小大二乘，十二部经^{〔一〕}，皆因人置，原本
无人字。因智惠性故，故然能建立^{〔二〕}。若无世人，原本若上有我
字，世作智。一切万法，本元不有^{〔三〕}。原本元作无。故知万法，本
因人兴；一切经书，因人说有。缘在人中有愚有智，原本愚上重有
字。愚为小人，原本小人作少故。智为大人。迷人问于智者，原本迷
人问作问迷人。智人与愚人说法，令彼愚者悟解心开^{〔四〕}；原本彼
作使，心作染。迷人若悟解心开，原本无解字。与大智人无别。故
知不悟，即是佛是众生^{〔五〕}；一念若悟，即众生是佛。原本生下有
不字。故知一切万法，尽在自身心中^{〔六〕}，何不从于自心顿现真
如本性？原本性作姓。菩萨戒经^{〔七〕}云：原本经云作云经。"我本元
自性清净^{〔八〕}。"原本元作愿，性作姓。识心见性，自成佛道^{〔九〕}。
即时豁然，还得本心^{〔一〇〕}。

【校释】

〔一〕十二部经　"部"，类义。"十二部经"，又称"十二分教"。全部
　　　佛经，按照文体、内容，归纳为十二类(或十二部分)，即：修多罗
　　　(契经、法本)，祇夜(重颂)，和伽罗那(授记)，伽陀(孤起

71

颂——纯颂），优陀那（无问自说——不请自说），尼陀那（因
缘），阿波陀那（譬喻），伊帝目多伽（本事），阇陀伽（本生），毗
佛略（方广），阿浮陀达摩（未曾有），优波提舍（论议）。有一颂
谓：“长行（契经）、重颂并授记，孤起、无问而自说，因缘、譬喻
及本事，本生、方广未曾有，论议俱成十二名。”

〔二〕因智惠性故，故然能建立　惠昕等三本均作：“因智慧性，方能
建立。”

〔三〕一切万法，本元不有　惠昕等三本均作：“一切万法，本自不
有。”这里的“万法”，单指现象，不预本体。至若真如（法性、佛
性等等）本体，则“本自具足”，是名“真有”。

〔四〕令彼愚者悟解心开　惠昕本作：“令其悟解心开。”

〔五〕即是佛是众生　“即”下“是”字，疑衍。

〔六〕故知一切万法，尽在自身心中　契嵩本、宗宝本作：“故知万法，
尽在自心。”

〔七〕菩萨戒经　即梵网经。

〔八〕我本元自性清净　经文出处，详见第一九节注〔五〕。

〔九〕识心见性，自成佛道　这两句话，非经原文。

〔一〇〕即时豁然，还得本心　出维摩诘经，详见第一九节注〔四〕。

坛经校释

三一

善知识！我于<u>忍和尚</u>处，一闻言下大悟，原本悟作伍。顿见真如本性。是故将此教法，原本将此作汝。流行后代，令学道者顿悟菩提。原本令作今，悟作伍。各自观心，令自本性顿悟。若不能自悟者，原本无不字。须觅大善知识示道见性。原本示作亦，性作姓。何名大善知识？原本无识字。解最上乘法，直示正路，原本示作是。是大善知识。是大因缘，所谓化道[一]，原本谓作为。令得见性。原本性作佛。一切善法，皆因大善知识能发起故。三世诸佛，十二部经，云在人性中本自具有[二]。不能自悟，原本自下有姓字。须得善知识示道见性；若自悟者，不假外求善知识。原本无求字。若取外求善知识，望得解脱，原本脱作说。无有是处。识自心内善知识，即得解脱。原本无脱字。若自心邪迷，妄念颠倒，外善知识即有教授，救不可得。原本无救不可得四字。汝若不得自悟，当起般若观照，刹那间，妄念俱灭，即是自真正善知识，一悟即知佛也[三]。自性心地，以智惠观照，内外明彻，原本明作名。识自本心。若识本心，即是解脱，既得解脱，即是般若三昧。悟般若三昧，即是无念。何名无念？无念法者，见一切法，不著一切法;遍一切处,不著一切处。常净自性,使六贼从六门走出〔四〕,于六尘中不离不染〔五〕,来去自由,即是般若三昧,自在解脱,名无念行。若百物不思,原本若作莫。当令念绝,即是法缚,原本缚作传。即名边见〔六〕。悟无念法者,万法尽通;悟无念法者,见诸佛境界;悟无念顿法者,至佛位地。

【校释】

〔一〕所谓化道 "道",同"导"。

〔二〕云在人性中本自具有 这里的"人性",不是通常意义上的人性,而是指人人本具的佛性。

〔三〕一悟即知佛也 惠昕等三本均作:"若识自性,一悟即至佛地。"

〔四〕六贼 即眼、耳、鼻、舌、身、意六识。禅宗中人,以六识攀缘外境,使人丧失本性(自性),故形象地称"六识"为"六贼"。铃木校本据惠昕等三本改"贼"为"识",似可不必。

六门 即眼、耳、鼻、舌、身、意六根。六识从六门走出,故称为"门"(其实,"走出"之说,并不确切)。

〔五〕六尘 即色、声、香、味、触、法。以能染污本性,故称为"尘"。

〔六〕边见 一边之见。

三二

善知识！后代得吾法者，原本吾作悟。常见吾法身不离汝左右。善知识！将此顿教法门，同见同行，发愿受持，如事佛故，原本事作是。终身受持而不退者，欲入圣位〔一〕，然须传受将从上已来嘿然而付于法〔二〕，原本传作缚。发大誓愿，不退菩提，即须分付。若不同见解，无有志愿，在在处处，勿妄宣传，损彼前人，究竟无益。若遇人不解，谩此法门，百劫万劫千生〔三〕，断佛种性。

【校释】

〔一〕欲入圣位　惠昕本同。契嵩本、宗宝本作"定入圣位"。"定"字较确。

〔二〕然须传受将从上已来嘿然而付于法　"受"，似应作"授"。"将"字，疑衍。"于"，似应作"之"。这句话，惠昕等三本均作："然须传受从上以来默传分付，不得匿其正法。"

〔三〕百劫万劫千生　惠昕等三本均作"百劫千生"。

　　大师言："善知识！听吾说无相颂，<small>原本吾作悟，颂作讼。</small>令汝迷者罪灭，<small>原本迷作名。</small>亦名灭罪颂。颂曰：

　　愚人修福不修道，谓言修福而是道〔一〕。<small>原本无道字。</small>

　　布施供养福无边，心中三恶元来造〔二〕。<small>原本恶作业，元作无，造作在。</small>

　　若将修福欲灭罪，后世得福罪元在〔三〕。<small>原本元作无，在作造。</small>

　　若解向心除罪缘，各自性中真忏悔。<small>原本性作世，悔作海。</small>

　　若悟大乘真忏悔〔四〕，<small>原本悔作海。</small>除邪行正即无罪。

　　学道之人能自观，即与悟人同一例〔五〕。

　　大师令传此顿教，愿学之人同一体〔六〕。

　　若欲当来觅本身，三毒恶缘心中洗〔七〕。

　　努力修道莫悠悠〔八〕，忽然虚度一世休〔九〕。

　　若遇大乘顿教法〔一〇〕，虔诚合掌至心求。"<small>原本至作志。</small>

　　大师说法了〔一一〕，<u>韦使君</u>、官寮、僧众、道俗，赞言无尽，昔所未闻。

【校释】

〔一〕谓言修福而是道　惠昕等三本均作"只言修福便是道"。

〔二〕心中三恶元来造　"三恶",原本作"三业",大正藏本同。惠昕等三本均作"三恶"。"三恶",当指贪、瞋、痴三毒;"三业",则指身业、语业、意业。

〔三〕后世得福罪元在　惠昕等三本均作"后世得福罪还在"。意谓:要想以修福来灭罪,则即使后世得福,而罪还在,光靠修福并不能灭罪。

〔四〕若悟大乘真忏悔　惠昕等三本"若悟"均作"忽悟"。

〔五〕学道之人能自观,即与悟人同一例　惠昕等三本均作:"学道常于自性观,即与诸佛同一类。"

〔六〕大师令传此顿教,愿学之人同一体　惠昕等三本均作:"吾祖惟传此顿法,普愿见性同一体。""大师令传",系法海口气,非;"吾祖惟传",是。"吾祖",指达磨或者弘忍。

〔七〕若欲当来觅本身,三毒恶缘心中洗　惠昕等三本均作:"若欲当来觅法身,离诸法相心中洗。"

〔八〕努力修道莫悠悠　惠昕等三本均作"努力自见莫悠悠"。

〔九〕忽然虚度一世休　惠昕等三本均作"后念忽绝一世休"。

〔一〇〕若遇大乘顿教法　惠昕等三本均作"若悟大乘得见性"。

〔一一〕大师说法了　即慧能于大梵寺说法完了。印顺认为:"坛经有原始部分,附编部分。坛经从大梵寺开法(大梵寺说法)——'法坛'或'施法坛'的开法记录得名,是主体部分……这一部分的成立,是慧能生前。附编部分,是慧能入灭以后,将慧能平日接引弟子的机缘,付嘱,临终的情形,身后安葬等,集录而附编于坛经,也就称为坛经了。"(中国禅宗史页二六六)这样说来,则前三三节,为大梵寺说法部分(页二四五),亦即坛经的主体部分,系慧能生前的"开法记录"。

第三四节以后,则为附编部分,系由集录者在慧能入灭以后"集录而附编于坛经"的。印顺此说,与某些日本学者(如宇井伯寿等)的观点颇相近,可供参考。

三四

　　使君礼拜,白言:原本白作自。"和尚〔一〕说法,实不思议,弟子当有少疑,欲问和尚,原本问作闻。望意和尚大慈大悲,为弟子说。"大师言:"有疑即问,原本疑作议,问作闻。何须再三。"使君问:原本问作闻。"法可不是西国弟一祖达磨祖师宗旨〔二〕?"原本重不字。大师言:"是。""弟子见说,达磨大师化梁武帝。原本化作伐,帝作谛。问达磨:'朕一生已来,原本已作未。造寺、布施、供养,有功德否?'原本重有字。达磨答言:'并无功德。'武帝惆怅,遂遣达磨出境〔三〕。未审此言,请和尚说。"六祖言:"实无功德,使君勿疑达磨大师言。原本君下有朕字。武帝著邪道,不识正法。"使君问:"何以无功德?"和尚言:"造寺、布施、供养,只是修福,不可将福以为功德。功德在法身,原本无功德二字。非在于福田。自法性有功德,平直是德〔四〕。内见佛性,原本无内见二字。外行恭敬。若轻一切人,吾我不断,原本吾作悟。即自无功德。自性虚妄,法身无功德〔五〕。念念德行,平等直心,原本直作真。德即不轻。常行于敬,自修身即功,自修心即德。原本修下有身字。功德自心作,福与功德别。武帝不识正理,非祖大师有过。"

【校释】

〔一〕和尚　义近"导师",原是一种尊称。后来,渐渐变成了一种泛称、甚至贬称了。

〔二〕法可不是西国弟一祖达磨祖师宗旨　"西国弟一祖达磨祖师"的提法不确,应作"弟一祖西国达磨师祖"。因为,按照传说,在西国达磨为"第二十八祖",而非"第一祖"。此句,惠昕等三本均作"可不是达磨大师宗旨乎",铃木校本据以在"宗旨"下面加一"乎"字,可不必。

〔三〕遂遣达磨出境　上述达磨化梁武帝云云,只是传说,并非史实。

〔四〕自法性有功德,平直是德　惠昕等三本均作:"见性是功,平等是德。"

〔五〕自性虚妄,法身无功德　惠昕等三本均作:"自性虚妄不实,即自无德。"

三五

使君礼拜,又问:"弟子见僧道俗常念'<u>阿弥大佛</u>'^{〔一〕},愿往生西方。请和尚说,得生彼否? <small>原本得作德。</small>望为破疑。"大师言:"使君听,<u>惠能</u>与说。世尊在<u>舍卫国</u>^{〔二〕},说西方引化,经文分明,去此不远^{〔三〕}。只为下根说近^{〔四〕},说远只缘上智^{〔五〕}。人有两种,<small>原本有作自,种作重。</small>法无不一^{〔六〕}。<small>原本无一字。</small>迷悟有殊,<small>原本迷作名。</small>见有迟疾。迷人念佛生彼,悟者自净其心。所以佛言:'随其心净,则佛土净。'^{〔七〕}使君!东方人但净心无罪,<small>原本无人字。</small>西方人心不净有愆^{〔八〕}。<small>原本无人字。</small>迷人愿生东方、西方者^{〔九〕},所在处并皆一种。心但无不净,西方去此不远;心起不净之心,念佛往生难到。除十恶^{〔一〇〕},<small>原本无十字。</small>即行十万;无八邪^{〔一一〕},即过八千^{〔一二〕}。但行直心,<small>原本直作真。</small>到如弹指。<small>原本弹作禅。</small>使君!但行十善^{〔一三〕},何须更愿往生^{〔一四〕}?不断十恶之心,何佛即来迎请?若悟无生顿法,见西方只在刹那;不悟顿教大乘,念佛往生路遥,如何得达?"六祖言:"<u>惠能</u>与使君移西方刹那间,<small>原本间作问。</small>目前便见,<small>原本目作日。</small>使君愿见否?"使君礼拜:"若此得见,何须往生^{〔一五〕}?愿和

81

尚慈悲，为现西方，大善！"大师言："唐见西方无疑[一六]。"即散。大众愕然，莫知何是。大师曰："大众，大众作意听[一七]，世人自色身是城，眼、耳、鼻、舌、身即是城门，外有五门，原本五作六。内有意门。心即是地，性即是王，性在王在，性去王无。性在，身心存；性去，身心坏。原本无心字。佛是自性作，莫向身求[一八]。自性迷，佛即众生；自性悟，众生即是佛。慈悲即是观音[一九]，喜舍名为势至[二○]，能净是释迦，平直是弥勒[二一]。原本直作真。人我是须弥[二二]，邪心是大海，烦恼是波浪，毒心是恶龙，尘劳是鱼鳖，虚妄即是神鬼，三毒即是地狱，愚痴即是畜生，十善是天堂[二三]。无人我，原本无人我作我无人。须弥自倒；除邪心，海水竭；烦恼无，波浪灭；毒害除，鱼龙绝。自心地上觉性如来，施大智惠光明，照耀六门清净，照破六欲诸天下[二四]。原本破作波。三毒若除，地狱一时消灭，内外明彻，不异西方。不作此修，如何到彼？"座下闻说，原本闻作问。赞声彻天，应是迷人了然便见。原本了作人。使君礼拜赞言："善哉！善哉！普愿法界众生[二五]，闻者一时悟解。"

【校释】

〔一〕阿弥大佛　即阿弥陀佛。唐音"陀""大"相近。铃木校本改"大"为"陀"，似可不必。

〔二〕世尊在舍卫国　"世尊"，乃佛的十号之一。十号为：如来、应供、正遍知、明行足、善逝、世间解、无上士、调御丈夫、天人师、佛——世尊。如果把"佛"与"世尊"分开，则实为十一号。舍卫国，即中印度的憍萨罗国。因首都叫舍卫城，故亦称舍卫国。

〔三〕去此不远　阿弥陀经："尔时佛告长老舍利弗：'从是西方，过十万亿佛土，有世界名曰极乐；其土有佛，号阿弥陀。'"一个佛土，即一个佛国、佛世界，其疆域即"三千大千世界"——用现代的话说，一千个太阳系，为一个"小千世界"；一千个小千世界，为一个"中千世界"；一千个中千世界，为一个"大千世界"。"大千世界"里包括了三个"千"，故称"三千大千世界"。此去西方，距离十万亿个三千大千世界，何得谓之不远！

〔四〕只为下根说近　下根之人，志气低劣，把去西方的距离说得近些，比较容易启发他们的信心和激发他们向往的勇气；如果说得太远，他们就会望而生畏，丧失信心。惠昕等三本均作"说远为其下根"。铃木校本据以改"近"为"远"，反而有失原意。"下根"，义见第二九节注〔一〕。

〔五〕说远只缘上智　上智之人，勇猛无畏，距离再远，也无所惧。所以就对他们把去西方的距离说得远一些。惠昕等三本均作"说近为其上智"。铃木校本据以改"远"为"近"，同样有失原意。其实，在阿弥陀经里，此去西方只有十万亿佛土的一种距离，并无什么远、近之说；说近、说远，乃是慧能杜撰的，是于经无据的。

〔六〕法无不一　惠昕等三本均作"法无两般"。

〔七〕随其心净，则佛土净　语见维摩经佛国品第一："若菩萨欲得净土，当净其心；随其心净，则佛土净。"

〔八〕西方人心不净有愆　惠昕本带头，在此句下面又加进了如下两句："东方人造罪，念佛求生西方；西方人造罪，念佛求生何国？"把慧能写成了从根本上否定净土的人。

〔九〕迷人愿生东方、西方者　原本"西"下无"方"字，今参照惠昕等本补。惠昕等三本均作："凡愚不了自性，不识身中净土，愿东愿西；悟人在处一般。"铃木校本"西"改作"两"，连在下句："两者所在处，并皆一种。"但上句只说"迷人愿生东方"，并未提及"西方"，所以它与下句的"两者"就联系不起来。而且，一般说来,"迷人"都是愿生西方的,单提"迷人愿生东方",也于义欠通。

〔一〇〕除十恶 "十恶",即十种恶业:杀生、偷盗、邪淫(以上身三业),妄言、绮语、两舌、恶口(以上口四业),贪欲、瞋恚、愚痴(以上意三业)。

〔一一〕八邪 "八正道"的反面。即:邪见、邪思维、邪语、邪业、邪命、邪精进、邪念、邪定。

〔一二〕即过八千 "十万八千"。慧能的意思是说,此去西方,相距十万八千里。袾宏在其弥陀疏钞卷四中说:"坛经又言:'西方去此,十万八千里。'是错以五天竺等为极乐也。五天、震旦,同为娑婆秽土,何须分别,愿东愿西? 而极乐自去此娑婆十万亿土。盖坛经皆学人记录,宁保无讹!"他在竹窗三笔六祖坛经中也说:"六祖不识字,一生靡事笔研。坛经皆他人记录,故多讹误。其十万八千、东方西方等说,久已辨明。"袾宏不敢直斥慧能的错误,故只能委过于坛经的记录者。其实,"十万八千"之说,完全有可能是出自慧能之口。

〔一三〕十善 即十种善业:不杀生、不偷盗、不邪淫、不妄言、不绮语、不两舌、不恶口、不贪欲、不瞋恚、不愚痴。

〔一四〕何须更愿往生 袾宏竹窗三笔六祖坛经中说:"……中又云:'但修十善,何须更愿往生?'夫十善,生天之因也。无佛出世,轮王乃以十善化度众生。六祖不教人生西方见佛,而但使生天乎? 其不足信明矣。故知执坛经而非净土者,谬之甚者也。"袾宏之意,仍在于表明:"何须更愿往生"之说,并非真的出自慧能之口,而乃记录者之讹误。其实,这仍不过是一种回护慧能之说而已。

〔一五〕使君礼拜:若此得见,何须往生 惠昕本:"皆顶礼言:'若此处见,何须更愿往生?'"契嵩本、宗宝本:"众皆顶礼云:'若此处见,何须更愿往生?'"

〔一六〕唐见西方无疑 "唐",疑应作"当"。

〔一七〕大众作意听 "作意",用心之意。

〔一八〕莫向身求 铃木校本于"身"字下面加一"外"字,非。"佛是
自性作"——自性是佛,并非自身是佛,所以不能向身求佛。
"莫向身外求",反而有可以向身求佛之嫌。

〔一九〕观音 即观世音菩萨,为"西方三圣"(弥陀、观音、势至)
之一。

〔二〇〕势至 即大势至菩萨,为"西方三圣"之一。

〔二一〕弥勒 即弥勒菩萨,系释迦牟尼的接班人,因而被称为"未来
佛",俗称"弥勒佛"。

〔二二〕须弥 即须弥(意为"妙高")山,为佛教幻想的世界中心。

〔二三〕天堂 佛教的"天堂",不同于基督教的"天国"。"天国",系
彼岸性世界,乃永生的地方。而"天堂",乃六道(天、人、阿修
罗、地狱、饿鬼、旁生)之一,仍未超出轮回。

〔二四〕照破六欲诸天下 原本"天下"下面有一"照"字,疑衍。铃木
校本于此"照"字上加"自性内"三字,并加校注:"原本无自性
内三字。"但"自性内照"这句话,同"照耀六门清净,照破六欲
诸天下"很难联系起来。"六欲诸天",指佛教所讲的欲界(有
两性之间的情欲,包括人间、天上)、色界(有形体而无情欲,
所以只有男性而无女性)、无色界(连形体都没有的幽灵世
界)的三界之一的欲界里的"六天":四天王天,忉利天,夜摩
天,兜率天,乐变化天,他化自在天。"六欲诸天下",意即天
上、人间。

〔二五〕法界众生 这里的"法界",与"法性"的含义不同,乃一切法
的边际之意,义同"无量"。"法界众生",即"无量众生"。

三六

坛经校释

大师言:"善知识! 若欲修行,在家亦得,不由在寺。在寺不修,如西方心恶之人;在家若修行,如东方人修善。但愿自家修清净,即是西方。"原本西作恶。使君问:"和尚! 原本无尚字。在家如何修,愿为指授。"大师言:"善知识! 原本知作智。惠能与道俗作无相颂,尽诵取,依此修行,原本依作衣。常与惠能一处无别。原本能下有说字。颂曰:

说通及心通〔一〕,如日至虚空,惟传顿教法〔二〕,出世破邪宗。

教即无顿渐,迷悟有迟疾,若学顿教法〔三〕,愚人不可迷。

说即虽万般,原本虽作须。合离还归一〔四〕,烦恼暗宅中,常须生惠日。

邪来因烦恼,正来烦恼除,邪正悉不用,原本悉作疾。清净至无馀〔五〕。

菩提本清净,起心即是妄,净性于妄中,但正除三障〔六〕。

世间若修道,一切尽不妨,常见在己过,原本见作现。与道即相当。

86

色类自有道,离道别觅道,觅道不见道,到头还自恼〔七〕。

若欲觅真道,原本觅真作贪觅。行正即是道,自若无正心,暗行不见道。

若真修道人,不见世间过,原本过作愚。若见世间非,自非却是左〔八〕。

他非我有罪〔九〕,我非自有罪,但自去非心,打破烦恼碎。

若欲化愚人,是须有方便,勿令彼有疑,原本彼有作破彼。即是菩提现〔一〇〕。原本现作见。

法元在世间,于世出世间,勿离世间上,外求出世间〔一一〕。

邪见是世间,原本是作出。正见出世间,邪正悉打却〔一二〕。

此但是顿教〔一三〕,亦名为大乘〔一四〕,迷来经累劫〔一五〕,悟则刹那间。"

【校释】

〔一〕说通及心通 这句颂意,取自刘宋译楞伽,原文是"宗及说通相"。"宗通"亦即"心通"。"说通",则指对于教理的通达。

〔二〕惟传顿教法 惠昕等三本均作"惟传见性法"。

〔三〕若学顿教法 惠昕等三本均作"只此见性门"。

〔四〕合离还归一 惠昕等三本"离"均作"理"。

〔五〕清净至无馀 "无馀",指"无馀涅槃"。佛教宣称有两种涅槃:一种证得涅槃而人尚活着,还有身命存在,这叫做"有馀涅槃";再一种证得涅槃而人也死了,"灰身泯智",什么都没有了,这叫做"无馀涅槃"。

〔六〕但正除三障 "三障"是:烦恼障,业障,苦报障。烦恼、业、苦报三者,都能障蔽法身、正道,故称为"障"。

〔七〕色类自有道……到头还自恼 这一颂,惠昕等三本均作:"色类自有道,各不相妨恼,离道别觅道,终身不见道。"

〔八〕自非却是左　"左",可作"更甚"解。意谓:修道的人,如果总是看世间的过非,那末,自己的过非就更大!

〔九〕他非我有罪　铃木校本改"有"为"无",反失坛经原意。坛经原意为:如见"他非",这本身就是自己的罪过! 这句话,惠昕等三本均作"他非我不非"。

〔一〇〕即是菩提现　惠昕等三本均作"即是自性现",则"菩提"当指"自性菩提"。

〔一一〕法元在世间……外求出世间　惠昕等三本均作:"佛法在世间,不离世间觉,离世觅菩提,恰如求兔角!"

〔一二〕邪正悉打却　按:铃木校本据惠昕等三本于此处补"菩提性宛然"一句。

〔一三〕此但是顿教　惠昕等三本"但"均作"颂"。

〔一四〕亦名为大乘　惠昕等三本均作"亦名大法船"。

〔一五〕迷来经累劫　惠昕等三本"来"均作"闻"。

三七

大师言:"善知识! _{原本知作智。}汝等尽诵取此偈,依偈修行,去惠能千里,常在能边;此不修,对面千里。各各自修,法不相待。_{原本待作持。}众人且散,惠能归漕溪山〔一〕,众生〔二〕若有大疑,来彼山间,为汝破疑,同见佛世。"合座官寮、道俗,_{原本寮作夺。}礼拜和尚,无不嗟叹:"善哉大悟〔三〕,昔所未闻,_{原本闻作问。}岭南有福,生佛在此〔四〕,谁能得智〔五〕。"一时尽散。

【校释】

〔一〕漕溪山 "漕",一般均无"水"旁。曹溪,在今广东曲江县境。慧能于此开山。曹溪通志卷一记载:"山初未有名。因魏武(按:指曹操)玄孙曹叔良避地居此,以姓名村(按:称曹侯村)。而水自东绕山而西,经村下,故称曹溪……唐龙朔元年,师自黄梅得法南归……曹叔良等率众,遂于宝林寺(建于梁代)故址,建营梵宇,延祖居之。四众云集,俄成宝坊。此寺之中兴也……宋太祖开宝初……赐名南华寺"。

〔二〕众生 "生"字,疑衍;或系"人"字之误。

〔三〕善哉大悟 此句费解。或"悟"系"教"字之误。"大教",亦即

"顿教"。听了昔所未闻的"大教",所以皆叹"善哉"！

〔四〕生佛在此　既视慧能其人如"佛",自当奉慧能之言为"经"。

〔五〕谁能得智　"能"疑当作"不"。"谁不得智",犹言"无不开悟"。惠昕本作"豁然大悟"。契嵩本、宗宝本作"无不省悟"。

坛
经
校
释

三八

大师往<u>漕溪山</u>〔一〕，<u>韶</u>、<u>广</u>二州行化四十馀年〔二〕。若论门人，僧之与俗三五千人说不尽。若论宗旨，_{原本旨作指。}传授<u>坛经</u>，以此为依约；_{原本依作衣。}若不得<u>坛经</u>，即无禀受。须知去处、年、月、日、姓名，_{原本去作法，姓作性。}递相付嘱。_{原本递作遍。}无<u>坛经</u>禀承，非<u>南宗</u>弟子也。_{原本弟作定。}未得禀承者，虽说顿教法，未知根本，终不免净。_{原本终作修。}但得法者，只劝修行，诤是胜负之心，与道违背〔三〕。

【校释】

〔一〕往漕溪山　中国禅宗史："……可见慧能的住处，是不止一处的；略序的'兰若十三所'，应有事实的根据。慧能在曹溪，住的寺院不一定，所以坛经等只泛说曹溪山。"（页二一八）

〔二〕行化四十馀年　按：如以慧能从唐高宗仪凤元年（六七六）正式开山传法算起，到唐玄宗先天二年（七一三）去世，中间只有三十七年。因此，行化并无"四十馀年"。但是，关于慧能行履的时间，特别是自见弘忍以至传法活动的年代，由于传说、推算的不同，便出现了各种不同的记载。即以行化的时间来说，就

91

有如下的不同记载：神会语录："（能禅师）居曹溪，来往四十年。"别传："大师在日，受戒、开法、度人，三十六年。"历代法宝记："能禅师至韶州曹溪，四十馀年开化。"刘禹锡大鉴禅师第二碑："（大鉴）三十出家，四十七年而殁。"惠昕本坛经（第四〇节）："大师出世，行化四十年。"契嵩本（宗宝本同）坛经（付嘱流通第十）："师春秋七十有六；年二十四传衣，三十九祝发，说法利生三十七载。"因此，印顺得出结论说：在有关慧能事迹的年代方面，"也是无法统一的。"（中国禅宗史页一八七）在涉及慧能弘化的年代问题上，现代的中外学者，大抵依违于上述各说之间。宋高僧传慧能传，除生卒年外，其它有关事迹的具体年代，一概从略，这也算是一种比较简便的作法。

〔三〕大师往漕溪山……与道违背　这一节非慧能所说，乃法海的叙述（也很有可能是后来增加的）。

三九

世人尽传〔一〕南能、北秀，原本南下有宗字，北作比。未知根本事由。且秀禅师于南荆府当阳县玉泉寺住持修行〔二〕，原本府作符，当作堂，持作时。惠能大师〔三〕于韶州城东三十五里漕溪山住。法即一宗，人有南北，原本北作比，因此便立南北。何以渐顿？法即一种，见有迟疾，见迟即渐，见疾即顿。法无顿渐，人有利钝，故名渐顿。

【校释】

〔一〕世人尽传　"传"，铃木校本据惠昕本改作"言"，似可不必。世人相传，并不比世人言说更差些。

〔二〕当阳县　即今湖北当阳县境。

〔三〕惠能大师　从"惠能大师……"的行文看来，这一节也非慧能之言，而是法海（或后人）加的。

四〇

坛经校释

　　<u>神秀师</u>常见人说，<u>惠能</u>法疾直指路〔一〕。原本指作旨。<u>秀师</u>遂唤门人僧<u>志诚</u>〔二〕，原本唤作换。曰："汝聪明多智，汝与吾至<u>漕溪山</u>，到<u>惠能</u>所，礼拜但听，莫言吾使汝来。所听得意旨，原本得作德。记取，却来与吾说，看<u>惠能</u>见解与吾谁疾迟。汝弟一早来，勿令吾怪〔三〕。"原本怪作埪。<u>志诚</u>奉使欢喜，遂半月中间，即至<u>漕溪山</u>，见<u>惠能</u>和尚，原本尚作当。礼拜即听，不言来处。<u>志诚</u>闻法，原本诚作城。言下便悟，即契本心。起立，即礼拜，白言：原本白作自。"和尚！弟子从<u>玉泉寺</u>来〔四〕，<u>秀师</u>处不得契悟，原本得作德。闻和尚说，便契本心。和尚慈悲，愿当教示〔五〕。"原本教作散。<u>惠能</u>大师曰："汝从彼来，原本彼作被。应是细作〔六〕。"原本细作绌。<u>志诚</u>曰："未说时即是，说了即不是。"原本说了即不是作说乃了即是。六祖言："烦恼即是菩提，亦复如是。"

94

【校释】

〔一〕法疾直指路　"路"字，疑衍。

〔二〕唤门人僧志诚　<u>景德录</u>卷五："<u>志诚</u>禅师者，<u>吉州</u><u>太和</u>人也。少于<u>荆南</u><u>当阳山</u><u>玉泉寺</u>奉事<u>神秀禅师</u>。"

〔三〕勿令吾恠　　“恠”，乃“怪”字的俗写。

〔四〕弟子从<u>玉泉寺</u>来　　<u>惠昕本</u>略同。这是<u>志诚</u>主动说明自己是“从<u>玉泉寺</u>来”的。<u>景德录</u>卷五则作：“至<u>韶阳</u>，随众参请，不言来处。时六祖告众曰：‘今有盗法之人，潜在此会。’师出礼拜，具陈其事。”<u>契嵩本</u>(<u>宗宝本</u>因之)据以改为：“<u>志诚</u>禀命至<u>曹溪</u>，随众参请，不言来处。时祖师告众曰：‘今有盗法之人，潜在此会。’<u>志诚</u>即出礼拜，具陈其事。”把主动申明，变为被迫出首。其用意，乃在于神化<u>慧能</u>。

〔五〕愿当教示　　既然已“契本心”，又要“教示”什么？“当”，疑作“常”。

〔六〕应是细作　　“细作”，即奸细。

大师谓志诚曰："吾闻汝禅师教人，原本汝作与。唯传戒定惠[一]，汝和尚教人戒定惠如何？原本汝作与。当为吾说。"志诚曰：原本诚作城。"秀和尚言戒定惠：诸恶不作名为戒，诸善奉行名为惠，自净其意名为定。此即名为戒定惠。彼作如是说，不知和尚所见如何？"惠能和尚答曰："此说不可思议，惠能所见又别。"志诚问：原本诚作城。"何以别？"惠能答曰："见有迟疾。"志诚请和尚说所见戒定惠。原本诚作城。大师言："汝听吾说，原本汝上有如字，吾作悟。看吾所见处：原本吾作悟。心地无非自性戒，原本无下有疑字，性作姓。心地无乱是自性定，原本性作姓。心地无痴是自性惠。"原本是自性惠作自姓是惠。能大师言："汝师戒定惠，原本无师字。劝小根诸人；吾戒定惠，劝上人。得悟自性，原本悟作吾，无性字。亦不立戒定惠。"志诚言：原本诚作城。"请大师说，不立如何？"大师言："自性无非、无乱、无痴，原本性作姓。念念般若观照，常离法相，原本常作当。有何可立？自性顿修，原本性作姓。立有渐次，契亦不立[二]。"志诚礼拜，便不离漕溪山，即为门人，不离大师左右。

【校释】

〔一〕唯传戒定惠　契嵩本（宗宝本因之）在此问前,尚有如下问答:"师曰:'汝师若为示众?'对曰:'常指诲大众住心观静,长坐不卧。'师曰:'住心观静,是病非禅! 长坐拘身,于理何益?'"则"住心观静,是病非禅"一类的指责,原是慧能对神秀发的。而胡适却又从坛经第一四节"善知识! 又见有人教人坐,看心看净,不动不起,从此置功。迷人不悟,便执成颠,即有数百般如此教道者,故知大错"一段话中的"有人"云云,作了一篇内证文章。他说:"后人不知道此……所攻击的禅学是什么……今取神会语录校之,便可知……此种禅出自北宗门下的普寂;又可知此种驳议不会出于慧能生时,乃是神会驳斥普寂的话。神会语录之文如下:'远师问:"嵩岳普寂禅师,东岳降魔禅师,此二大德皆教人凝心入定,住心看净,起心外照,摄心内证,指此以为教门。禅师今日何故说禅不教人凝心入定,住心看净,起心外照,摄心内证? 何名为坐禅?"和尚答曰:"若教人凝心入定,住心看净,起心外照,摄心内证者,此是障菩提。今言坐者,念不起为坐;今言禅者,见本性为禅。"'"（胡适论学近著第一集荷泽大师神会传）胡适从而得出结论说:"我们必须先看神会这些话,然后可以了解坛经中所谓看心、看净是何物。如果看心、看净之说是普寂和降魔藏的学说,则慧能生时不会有那样严重的驳论,因为慧能死时,普寂领众不过几年,他又是后辈,慧能怎会那样用力批评? 但若把坛经中这些话看作神会驳普寂的话,一切困难便都可以解释了。"（同上）为了把坛经说成是神会的作品,胡适总是这样寻求内证的。不过,我们如果不把所谓"看心、看净之说"看成"是普寂和降魔藏的学说",而看成是神秀的学说,把坛经中这些话看作是慧能批驳神秀的话,那末,胡适遇到的"一切困难"怕都难以解释了! 本来,合乎逻辑的推论方法应该是：普寂的思想（如果他真的有那种思想的话）原是来自他的老师神秀；而神会的观点，则是从他的老师慧能那儿学来的。所以，神会语录中对于普寂的批判，绝不能取代坛经中慧能对于神秀的批判。在这里，胡适又把师弟之间的相承关系给搞颠倒了！

〔二〕……立有渐次，契亦不立　"次"原本作"此"，"亦"原本作"以"，均据文义改。这两句话的意思是说：立有戒、定、慧"三学"的渐次者，乃是为那些一时还不能悟入真如、佛性者说的；一旦契悟了真如、佛性，自然也就不用再立什么"三学"的渐次了。这也正是坛经所谓"得悟自性，亦不立戒定慧""念念般若观照，常离法相，有何可立"之意。而惠昕等三本却都把这两句话改成了："自性自悟，顿悟顿修，亦无渐次，所以不立一切法。佛言（按："佛言"，契嵩本、宗宝本作"诸法"）寂灭，有何次第？"铃木校本则改为："亦无渐契，所以不立。"并加校注云："原本亦无渐契，所以不立作立有渐此，契以不立。"对照坛经原文，即可看出三本之改与铃木之校，都是不符合坛经原意的。

四二

又有一僧名法达〔一〕，常诵法华经七年，心迷不知正法之处："经上有疑，大师智惠广大，愿为决疑。"原本决作时。大师言："法达！法即甚达，汝心不达；经上无疑〔二〕，原本疑作痴。汝心自邪，而求正法。吾心正定，即是持经。吾一生已来，不识文字，汝将法华经来，对吾读一遍，吾闻即知。"原本闻作问，知作之。法达取经到，对大师读一遍〔三〕，六祖闻已，原本闻作问。即识佛意，便与法达说法华经。原本与作汝。六祖言："法达，法华经无多语，七卷尽是譬喻因缘〔四〕。原本因作内。如来广说三乘〔五〕，只为世人根钝，经文分明，原本文分作闻公。无有馀乘，唯一佛乘。"大师言：原本无言字。"法达！汝听一佛乘，莫求二佛乘〔六〕，迷却汝性。原本性作圣。经中何处是一佛乘？与汝说。原本与汝作汝与。经云：'诸佛世尊，唯以一大事因缘故，原本以作汝，出现于世。'（已上十六字是正法〔七〕。）原本字作家。此法如何解？原本无此字。此法如何修？汝听吾说：人心不思，本源空寂，离却邪见，即一大事因缘〔八〕。原本事作是。内外不迷，即离两边。外迷著相，原本著作看。内迷著空，于相离相，于空离空，即是内外不迷〔九〕。悟此法，_{原本悟作吾。}一念心开，出现于世。心开何物〔一〇〕？开佛知见。佛犹如觉也，分为四门：开觉知见，示觉知见，悟觉知见，入觉知见〔一一〕；开、示、悟、入，从一处入。_{原本从作上。}即觉知见，见自本性，即得出世。"大师言："法达！吾常愿一切世人，_{原本吾作悟。}心地常自开佛知见，莫开众生知见。世人心邪，_{原本无邪字。}愚迷造恶，自开众生知见；世人心正，起智惠观照，自开佛知见。_{原本知作智。}莫开众生知见，_{原本知作智。}开佛知见即出世。"_{原本知作智。}大师言："法达！此是法华经一乘法。_{原本华作达。}向下分三，为迷人故。_{原本迷作名。}汝但依一佛乘。"_{原本依作于。}大师言："法达！心行转法华，不行法华转；心正转法华，心邪法华转〔一二〕。开佛知见转法华，_{原本知作智。}开众生知见被法华转〔一三〕。"_{原本知作智。}大师言："努力依法修行，即是转经。"法达一闻，言下大悟，涕泪悲泣，白言：_{原本白作自。}"和尚！实未曾转法华，_{原本曾作僧。}七年被法华转；已后转法华，念念修行佛行〔一四〕。"大师言："即佛行是佛。"其时听人无不悟者。_{原本无作元。}

【校释】

〔一〕又有一僧名法达　景德录卷五："洪州法达禅师者，洪州丰城人也。七岁出家，诵法华经。进具之后，来礼祖师，头不至地。祖呵曰：'礼不投地，何如不礼！汝心中必有一物，蕴习何事耶？'师言：'念法华经已及三千部。'祖曰：'汝若念至万部，得其经意，不以为胜，则与吾偕行；汝今负此事业，都不知过。听吾偈曰：礼本折慢幢，头奚不至地？有我罪即生，亡功福无比。'祖又曰：'汝名什么？'对曰：'名法达。'祖曰：'汝名法达，何曾达法？'复说偈曰：'汝今名法达，勤诵未休歇。空诵但循声，明心号菩萨。汝今有缘故,吾今为汝说。但信佛无言,莲华从口发。'师闻偈悔过曰:'而今而后,当谦恭一切。惟愿和尚大慈,略说经中义理。'"契嵩本、宗宝本把上述文字全部抄入坛经之中。

〔二〕经上无疑　此句下铃木校本根据惠昕等三本增补"汝心自疑"一句,并加校注:"原本无汝心自疑四字。"今按:此句可不补。

〔三〕对大师读一遍　惠昕本同。契嵩本、宗宝本作:"法达即高声念经,至方便品,师曰:'止!'"按:鸠摩罗什译法华经近七万字,通读一遍,费时颇长。方便品,为什译法华二十八品中的第二品,在第一卷中,读到此为止,自然合乎情理一些(也就是伪得更巧妙一些)。

〔四〕七卷尽是譬喻因缘　惠昕本作"十卷尽是譬喻因缘"。原来,法华共有三个译本:西晋竺法护译,题为正法华经,十卷,二十七品;姚秦鸠摩罗什译,题为妙法莲华经,七卷,二十八品;隋阇那崛多译,题为添品妙法莲华经,七卷,二十七品。则"十卷"者,当是指晋译法华。但在唐代(以及以后),"三经重沓,文旨互陈,时所宗尚,皆弘秦本"(道宣语)。所以,法达所诵者(假如真的有这么一回事),不大可能是十卷本法华。至于说七卷法华"尽是譬喻因缘",也不确切。为了说明问题,兹将什译法华二十八品品目以及每一品的中心内容,转录于下,以资参考:

序品第一　　　开发正宗之端绪也。

方便品第二　　为上根猛利直说法体。

譬喻品第三　　为中根稍钝,以譬喻得解。

信解品第四　　中根领悟,喻说。

药草喻品第五　如来述成,喻说。

授记品第六　　中根得记,喻说。

化城喻品第七　为下根甚钝故,说宿世因缘。

五百弟子受记品第八　　下根无学,得记因缘。

授学无学人记品第九　　下根有学,得记因缘。

法师品第十　　推尊显胜,劝持。

见宝塔品第十一　　示诸佛说,示修证道。

提婆达多品第十二　　显法妙利,显功行妙。

劝持品第十三　　圣众愿持,显功行妙。

安乐行品第十四　　持经妙行,正修三业。

从地踊出品第十五　　显妙法智力,显本迹之妙。

如来寿量品第十六　　显如来寿量,本无生灭。

分别功德品第十七　　闻法获益,显闻持之妙。

随喜功德品第十八　　明暂持功德,显闻持之妙。

法师功德品第十九　　明圆持功德,显闻持之妙。

常不轻菩萨品第二十　　明持经广利,显闻持之妙。

如来神力品第二十一　　嘉赞经德,发起流通。

嘱累品第二十二　　传续妙法,付授流通。

药王菩萨本事品第二十三　　以苦行成圆通之德,苦行流通。

妙音菩萨品第二十四　　以妙行成实相之德,妙行流通。

观世音菩萨普门品第二十五　　以圆行成最上之德,圆行流通。

陀罗尼品第二十六　　以神力外护助成,弘护流通。

妙庄严王本事品第二十七　　以正力内助转邪,转邪流通。

普贤菩萨劝发品第二十八　　以常行成不朽之德,常行流通。

（见通行本法华经卷首）

可以看出,说"譬喻""因缘"的,只是七卷法华中的部分内容,并非通篇尽是。至于契嵩本、宗宝本作"此经元来以因缘出世为宗",也不确切。因为,诸佛世尊都是"唯以一大事因缘故,出现于世",非独释迦为然,非止法华为然。看来,这种对于法华内容的"点睛"概括,很大程度上是出于坛经的编纂者(改编者)之手,所以才出现其说不一、说而不确的情况。

〔五〕广说三乘 "三乘"为:大乘,即菩萨乘;中乘,即缘觉乘(以自智力,观察十二因缘而悟道者,称为"缘觉";由于是"无师自悟",亦称"独觉");小乘,即声闻乘(闻佛道声而悟道者,称为"声闻",即"阿罗汉")。

〔六〕莫求二佛乘 "二佛乘"之说不确。要说"佛乘",只能"唯一";如说"二乘",非皆"佛乘"。

〔七〕已上十六字 "十六字"指:"诸佛世尊,唯以一大事因缘故,出现于世。"语出法华经方便品:"所以者何?诸佛世尊,唯以一大事因缘故,出现于世。舍利弗!云何名诸佛世尊唯以一大事因缘故出现于世?诸佛世尊,欲令众生开佛知见、使得清净故,出现于世;欲示众生佛之知见故,出现于世;欲令众生悟佛知见故,出现于世;欲令众生入佛知见道故,出现于世。舍利弗!是为诸佛以一大事因缘故出现于世。"

〔八〕即一大事因缘 把"本源空寂,离却邪见",说成"即一大事因缘",这又是慧能的信口而说,因为它并不符合法华原意。

〔九〕即是内外不迷 原本作"即是不空迷"。铃木校本据惠昕等本改为"即是内外不迷"。并作校注:"原本内外不迷作不空迷。"今从之。

〔一〇〕心开何物 这表明,于自心中,是有物可开的。于此益可想见,所谓"本来无一物"之说,确非慧能思想!惠昕本作"心开何事"。改"物"为"事",乃是为了避免有"物"之嫌。但"事"不也就是事物吗?而且,较之"心开何物","心开何事"在文字上还有些欠通哩。

〔一一〕佛犹如觉也……入觉知见　惠昕等三本均无"如"字,较确。"知",同"智"。"知见",即佛的智慧、见解,亦即"佛智"。开、示、悟、入佛之知见,亦即开、示、悟、入佛智。佛为开、示,弟子悟、入,合而称为"开、示、悟、入"。

〔一二〕心行转法华……心邪法华转　慧能之与金刚,也应作如是观:是慧能转金刚,而不是金刚转慧能!

〔一三〕被法华转　契嵩本、宗宝本此处还有如下颂文:"心迷法华转,心悟转法华,诵经久不明,与义作雠家! 无念念即正,有念念成邪,有无俱不计,长御白牛车。"显然是后加的。

〔一四〕念念修行佛行　契嵩本、宗宝本最后法达还有如下赞偈:"经诵三千部,曹溪一句亡。未明出世旨,宁歇累生狂。羊、鹿、牛(按:即"三车",喻"三乘")权设,初、中、后善扬。谁知火宅内,元是法中王。"自然也是后加的。

坛经校释

四三

　　时有一僧名智常[一]，来漕溪山，礼拜和尚，问四乘法义[二]。原本问作闻。智常问和尚曰：原本问作闻。"佛说三乘，又言最上乘，弟子不解，望为教示。"原本教作敬。惠能大师曰："汝自身心见[三]，莫著外法相，元无四乘法，人心不量四，等法有四乘[四]：见闻读诵是小乘，悟法解义是中乘，原本无法字。依法修行是大乘，原本依作衣。万法尽通、万行俱备、原本行作幸。一切无杂、原本杂作离。但离法相、作无所得[五]，原本得作德。是最上乘[六]。最上乘是最上行义，原本无乘上最上二字。不在口净。汝须自修，莫问吾也。"原本吾作悟。

【校释】

〔一〕时有一僧名智常　景德录卷三："信州智常禅师者，本州贵溪人也。髫年出家，志求见性。一日参六祖。"

〔二〕问四乘法义　"四乘法义"，出于法华。法华经譬喻品第三："时诸子等各白父言：'父先所许玩好之具羊车、鹿车、牛车，愿时赐与。'舍利弗！尔时长者各赐诸子等一大车，其车高广……驾以白牛……舍利弗！若有众生，内有智性，从佛世尊闻法信受，殷勤精进，欲速出三界，自求涅槃，是名声闻乘。如彼诸子，为求羊车，出于火宅。若有众生，从佛世尊闻法信受，勤修精进，求自然慧，乐独善寂，深知诸法因缘，是名辟支佛（按："辟支佛"，义为"缘觉"或"独觉"）乘。如彼诸子，为求鹿车，出于火宅。若有众生，从佛世尊闻法信受，勤修精进，求一切智、佛智、自然智、无师智、如来知见、力、无所畏，愍念安乐无量众生，利益天人，度脱一切，是名大乘……如彼诸子，为求牛车，出于火宅。<u>舍利弗</u>！如彼长者，见诸子等，安隐得出火宅，到无畏处……等以大车而赐诸子。如来亦复如是，为一切众生之父……初说三乘引导众生，然后但以大乘而度脱之……<u>舍利弗</u>！以是因缘，当知诸佛，方便力故，于一佛乘，分别说三。"这是把通常所说的"三乘"，比做羊、鹿、（黄）牛车；把<u>法华</u>教义，比做"大白牛车"——唯一佛乘。天台宗人便根据这一思想，把自己置于高出各家的"圆教"地位。

〔三〕汝自身心见　"见"，观察义，悟解义。这句话的意思是说：你应该向自己内心中去观察、求悟。<u>铃木</u>校本据惠昕本把这句话改为"汝向自身见"。并作校注："原本向自身作自身心。"有"身"无"心"，殊失原意。因为，禅宗讲究"明心见性""见性成佛"，却从无有讲"明身见性""见身成佛"的。<u>契嵩</u>本、<u>宗宝</u>本作"汝观自本心"，倒较确切。

〔四〕人心不量四，等法有四乘　"人心不量四"，颇费解（因是颂文，"等"字必须连下句读）。<u>铃木</u>校本改"量"为"唯"——"人心不唯四等"，亦费解。<u>惠昕</u>本作："无四乘法，人心自有四等。"<u>契嵩</u>本、<u>宗宝</u>本作："法无四乘，人心自有等差。"意思尚较明白。

〔五〕但离法相、作无所得　<u>铃木</u>校本改"但"为"且"，反不如原文妥切。<u>惠昕</u>等三本均作："离诸法相，一无所得。"

〔六〕……是最上乘　<u>慧能</u>对于"四乘"的解释，完全是随自意的。他的意思在于说明:一般教义,属"三乘"法;只有他的"顿悟"法门,才是"最上乘"。

四四

又有一僧名<u>神会</u>,<u>南阳</u>人也^{〔一〕}。至<u>漕溪山</u>礼拜,问言:"和尚坐禅,<small>原本坐禅作禅座。</small>见亦不见?"大师起,把打<u>神会</u>三下,却问<u>神会</u>:"吾打汝,痛不痛?"<u>神会</u>答言:"亦痛亦不痛。"六祖言曰:"吾亦见亦不见。"<u>神会</u>又问大师:"何以亦见亦不见?"大师言:"吾亦见者,<small>原本无者字。</small>常见自过患,故云亦见。亦不见者,不见天、地、人过罪。所以亦见亦不见也。<small>原本无不下见字。</small>汝亦痛亦不痛如何?"<u>神会</u>答曰:"若不痛,即同无情木石;若痛,即同凡夫,<small>原本无夫字。</small>即起于恨。"大师言:"<u>神会</u>向前,见不见是两边,痛不痛是生灭。<small>原本无不痛二字。</small>汝自性且不见,敢来弄人。"<u>神会</u>礼拜,<small>原本神会作礼拜。</small>更不言。大师言:"汝心迷不见,问善知识觅路;汝心悟自见,<small>原本汝作以。</small>依法修行。汝自迷不见自心,<small>原本迷作名。</small>却来问<u>惠能</u>见否。吾不自知,代汝迷不得;汝若自见,代得吾迷^{〔二〕},何不自修,问吾见否?"<u>神会</u>作礼,便为门人,不离<u>漕溪山</u>中,常在左右^{〔三〕}。

【校释】

〔一〕又有一僧名<u>神会</u>,<u>南阳</u>人也　<u>宋高僧传</u>卷八<u>神会</u>传:"释<u>神会</u>,

姓高,襄阳人也。年方幼学,厥性惇明,从师传授五经,克通幽赜。次寻庄老,灵府廓然。览后汉书,知浮图之说,由是于释教留神,乃无仕进之意。辞亲投本府国昌寺颢元法师下出家。其讽诵群经,易同反掌;全大律仪,匪贪讲贯。闻岭表曹侯溪慧能禅师盛扬法道,学者骏奔。乃教善财南方参问,裂裳裹足,以千里为跬步之间耳。"景德录卷五:"西京荷泽神会禅师者,襄阳人也,姓高氏。年十四为沙弥,谒六祖。"则神会应为襄阳人。

〔二〕吾不自知……代得吾迷　惠昕等三本均作:"吾见自知,岂代汝迷?汝若自见,亦不代吾迷。"

〔三〕常在左右　契嵩本(宗宝本因之)在这段的末尾,还增加了如下一段:"一日,师告众曰:'吾有一物,无头无尾,无名无字,无背无面,诸人还识否?'神会出曰:'是诸佛之本源,神会之佛性。'师曰:'向汝道无名无字,汝便唤作本源、佛性。汝向去有把茆盖头(按:"把茆盖头",意谓用一把茆草盖在头上以遮风雨),也只成个知解宗徒!'会后入京洛,大弘曹溪顿教,著显宗记,行于世(按:宗宝本此处还有'是为荷泽禅师'六个小字夹注)。师见诸宗难问,咸起恶心,多聚座下,愍而谓曰:'学道之人,一切善念、恶念,应当尽除。无名可名,名于自性;无二之性,是名实性。于实性上,建立一切教门,言下便须自见。'诸人闻说,总皆作礼,请事为师。"这一段话,显然是神会之徒在后来加进去的。值得注意的,倒是"吾有一物"的说法,它是对"本来无一物"的直接否定!

坛经校释

大师遂唤门人**法海**、**志诚**、**法达**、**智常**、**志通**〔一〕、**志彻**〔二〕、**志道**〔三〕、**法珍**〔四〕、**法如**〔五〕、**神会**〔六〕,大师言:"汝等拾弟子近前,汝等不同馀人,吾灭度后〔七〕,汝各为一方头,吾教汝说法,不失本宗。举三科法门,原本无三字。动三十六对,出没即离两边。说一切法,莫离于性相。若有人问法,出语尽双,皆取法对〔八〕,来去相因,究竟二法尽除〔九〕,更无去处。三科法门者,荫、界、入。荫,是五荫〔一〇〕;界,是十八界;原本无是字。入,原本无入字。是十二入。何名五荫?色荫、受荫、想荫、原本想作相。行荫、识荫是。何名十八界?六尘,六门〔一一〕,六识。何名十二入?外六尘,中六门。何名六尘?色、声、香、味、触、法是。原本味作未,触作独。何名六门?眼、耳、鼻、舌、身、意是。法性起六识:眼识、耳识、鼻识、舌识、身识、意识,六门,六尘。自性含万法,名为含藏识〔一二〕。思量即转识〔一三〕,生六识,出六门六尘〔一四〕,是三六十八。由自性邪,起十八邪;若自性正,原本若作舍,无正字。起十八正。原本无起字。若恶用即众生,原本若作舍。善用即佛。用由何等?原本由作油。由自性。"原本由作油。

【校释】

〔一〕**志通** 景德录卷五:"寿州智通禅师者,寿州安丰人也。初看楞伽经约千馀遍,而不会三身(按:即法、报、化三身)、四智(按:即大圆镜智、平等性智、成所作智、妙观察智)。礼师,求解其义。"

〔二〕**志彻** 景德录卷五:"江西志彻禅师者,江西人也。姓张氏,名行昌,少任侠。自南、北分化,二宗主虽亡彼我,而徒侣竞起爱憎。时北宗门人自立秀师为第六祖,而忌能大师传衣为天下所闻。然祖是菩萨,预知其事,即置金十两于方丈。时行昌受北宗门人之嘱,怀刃入祖室,将欲加害。祖舒颈而就,行昌挥刃者三,都无所损。祖曰:'正剑不邪,邪剑不正。只负汝金,不负汝命。'行昌惊仆,久而方苏,求哀悔过,即愿出家。祖遂与金,云:'汝且去,恐徒众翻害于汝,汝可他日易形而来,吾当摄受。'行昌禀旨宵遁,终投僧出家,具戒精进。一日忆祖之言,远来礼觐。祖曰:'吾久念于汝,汝何来晚?'曰:'昨蒙和尚舍罪,今虽出家苦行,终难报于深恩,其唯传法度生乎?'"神秀门下派人行刺,可能确有其事,但上述记载,显然是后来伪托的。

〔三〕**志道** 景德录卷五:"广州志道禅师者,南海人也,参六祖。"

〔四〕**法珍** 不详。

〔五〕**法如** 不详。

〔六〕**法海……神会** 以上共拾弟子。按:景德录卷五(传法正宗记卷七同)记载慧能法嗣,共四十三人,名单如下:

1 西印度崛多	2 韶州法海	3 吉州志诚
4 匾担山晓了	5 河北智隍	6 洪州法达
7 寿州智通	8 江西志彻	9 信州智常
10 广州志道	11 广州印宗	12 青原行思
13 南岳怀让	14 温州玄觉	15 司空山本净
16 婺州玄策	17 曹溪令韬	18 西京慧忠

19 <u>荷泽神会</u>——"已上一十九人,见录"。

20 <u>韶州祗陀</u>　　21 <u>杭州净安</u>　　22 <u>嵩山寻禅师</u>

23 <u>罗浮山定真</u>　24 <u>南岳坚固</u>　　25 <u>制空山道进</u>

26 <u>善快</u>　　　　27 <u>韶山缘素</u>　　28 <u>宗一</u>

29 <u>会稽善现</u>　　30 <u>南岳梵行</u>　　31 <u>并州自在</u>

32 <u>西京咸空</u>　　33 <u>峡山泰祥</u>

34 <u>光州法净</u>(一说此人即是<u>法如</u>)　　35 <u>清凉山辩才</u>

36 <u>广州吴头陀</u>　37 <u>道英</u>　　　　38 <u>智本</u>

39 <u>广州法真</u>(一说此人即是<u>法珍</u>)　　40 <u>玄楷</u>

41 <u>昙璀</u>　　　　42 <u>韶州刺史韦璩</u>

43 <u>义兴孙菩萨</u>——"已上二十四人,无机缘语句,不录"。

〔七〕吾灭度后　"灭度",即"涅槃"之义,实即死了。自归寂灭,不再度人,故称"灭度"。

〔八〕皆取法对　<u>惠昕</u>本同。<u>契嵩</u>本、<u>宗宝</u>本作"皆取对法",<u>铃木</u>校本据改。其实,"法对"(亦即"出语尽双"之义)、"对法",含义相同,没有改的必要。

〔九〕究竟二法尽除　"二法",泛指生灭、有无、常断、染净、来去等等二相之法。

〔一〇〕荫,是五荫　"荫",一般无草头。

〔一一〕六门　即"六根"。

〔一二〕自性含万法,名为含藏识　这是<u>楞伽</u>思想。"自性",即真如、法性,又称"如来藏"。"藏识",即阿赖耶识。<u>楞伽</u>卷五:"<u>大慧</u>! 如来藏是善不善因,能遍兴造一切趣生(按:"趣",即六趣——六道;"一切趣生",即一切六道众生,亦即一切众生。其实,这一说法是不完全的,因为,"如来藏"——"真如",不但能遍兴造一切众生,而且能遍兴造一切万有,也就是它能兴造一切主、客体世界)……无始虚伪恶习所熏,名为藏识。"

如来藏,则本性清净。这是说,"本性清净""能遍兴造一切趋生"的如来藏,由于为"无始虚伪恶习所熏",一变而成了藏识。

〔一三〕思量即转识　这说的是第七识。成唯识论卷四:"次第二能变,是识名末那,依彼转、缘彼,思量为性、相。"末那识,就是意识(第七识叫"意识",是意即识;第六识也叫"意识",是意之识)。它依彼第八阿赖耶识生起(转),又"恒审思量"第八识为我(缘彼),所以"思量"就成了它的特点。

〔一四〕六尘　铃木校本据惠昕等本在"六"字上加一"见"字。严格说来,"见六尘",并不确切。因为,六尘之中,只有"色尘"是视觉对象,可以称"见";其馀五尘,均非视觉对象,称"见"是不通的。所以,如果改"见"为"缘"——"缘六尘",倒确切些。

四六

"对。外境无情对有五[一]：天与地对，日与月对，暗与明对，阴与阳对，水与火对。

语与言对、法与相对有十二对[二]：有为、无为对[三]，有色、无色对，有相、无相对，有漏、无漏对，色与空对，动与静对，_{原本静作净。}清与浊对，凡与圣对，_{原本圣作性。}僧与俗对，老与少对，大与小对，_{原本小作少，重大、少二字。}长与短对，高与下对。

自性起用对有十九对[四]：_{原本性下有居字。}邪与正对，痴与惠对，愚与智对，乱与定对，戒与非对，直与曲对，_{原本曲作典。}实与虚对，崄与平对，烦恼与菩提对，慈与害对，_{原本害作空。}喜与瞋对，舍与悭对，进与退对，生与灭对，常与无常对，法身与色身对，化身与报身对，体与用对，性与相对，_{原本无对字。}有情、无亲对[五]。_{原本情作清。}

言语与法相有十二对，内外境有无五对，_{恐当作外境无情有五对。}三身有三对，_{恐当作自性起用有十九对。}都合成三十六对[六]法也。

此三十六对法，解用通一切经，出入即离两边。如何自性起用三十六对？共人言语，出外，于相离相；原本无于下相字。入内，于空离空。著空，即惟长无明；原本明作名。著相，即惟长邪见。原本无即、长二字。谤法：直言'不用文字'。既云'不用文字'，人不合言语；言语即是文字[七]！自性上说空，正语言本性不空。迷自惑，语言除故[八]。暗不自暗，以明故暗；原本明作名。暗不自暗，可疑，此句恐当作明不自明，以暗故明。以明变暗[九]。原本明作名，变恐当作显。以暗现明，来去相因。三十六对，亦复如是[一〇]。"此一段误脱不少，难订正，当参兴圣寺本。

【校释】

〔一〕外境无情对有五　"外境无情"，犹言无情的外境，即指天、地、日、月等等的自然现象。

〔二〕语与言对、法与相对有十二对　惠昕等三本均作"法相、语言十二对"。铃木校本作"语言、法相对有十二对"。"有为、无为"等等，属于"法相"——逻辑范畴；"凡与圣"等等，属于"语言"——名词、概念。"有十二对"，实为十三对。惠昕等三本均作："法相、语言十二对：语与法对，有与无对，有色与无色对，有相与无相对，有漏与无漏对，色与空对，动与静对，清与浊对，凡与圣对，僧与俗对，老与少对，大与小对。"惠昕等三本较法海本多一"语与法对"，改"有为、无为对"为"有与无对"，减去"长与短对""高与下对"，为"十二对"。

〔三〕有为、无为对　原本无"对"字，今参照惠昕等本补。此句惠昕等三本均改作"有与无对"。

〔四〕自性起用对有十九对　"邪""正"等等，实则都是从自性中所生起的一些作用，所以叫做"自性起用对"。"有十九对"，实为二十对。惠昕等三本均作："自性起用十九对：长与短对，邪与正对，痴与慧对，愚与智对，乱与定对，慈与毒对，戒与非对，直与曲对,实与虚对,险与平对,烦恼与菩提对,常与无常对,悲与害对,喜与瞋对,舍与悭对,进与退对,生与灭对,法身与色身对,化身与报身对。"内容小异,数则"十九"。

〔五〕有情、无亲对 "亲",应作"情"。

〔六〕都合成三十六对 实为三十八对。中国禅宗史:"三十六对,分外境无情的五对,语言法相的十二对,自性起用的十九对,这是经中所没有的分类法。这三大类,大概是依器界,有情(如凡圣、僧俗、老小等)法,即影取三世间而立的。"(页二二二)

〔七〕言语即是文字 惠昕本此句下面还有:"又云直道不立文字,即此两字,亦是文字。"契嵩本、宗宝本则作:"又云直道不立文字,即此'不立'两字,亦是文字。"

〔八〕自性上说空……语言除故 这几句话颇费解,恐有脱误。

〔九〕以明变暗 惠昕等三本均作"以明显暗"。

〔一〇〕……亦复如是 兴圣寺本六祖坛经第四八节末尾还有如下一段:"设有人问:'何名为暗?'答云:'明是因,暗是缘,明没即暗,以明显暗,以暗现明,来去相因,成中道义。馀问,悉皆如此。'"铃木认为"当从兴圣寺本"。其实,参兴圣寺本则可,从兴圣寺本则不可。因为:其一,兴圣寺本其实不过是惠昕本的一种校改本。印顺说:"……于政和六年(一一一六)再刊,传入日本,被称为'大乘寺本'。绍兴二十三年(一一五三)刊本,传入日本,被称为'兴圣寺本'。大乘寺本与兴圣寺本,品目与本文,虽有多少修改,但分为二卷十一门,是相同的,都是惠昕的编本。"(中国禅宗史页二七三)而且,兴圣寺本也有不少后来的东西。其二,兴圣寺本里所讲的,也并不都是那么确切的,例如,"明是因,暗是缘"的说法,就很不确切。

四七

　　大师言:"十弟子! 已后传法,递相教授一卷坛经,_{原本坛作檀}。不失本宗[一]。不禀受坛经,_{原本受作授,坛作檀}。非我宗旨。如今得了,递代流行。得遇坛经者,_{原本坛作檀}。如见吾亲授[二]。"拾僧得教授已,写为坛经,_{原本坛作檀}。递代流行,得者必当见性[三]。

【校释】

〔一〕……不失本宗　日本忽滑谷快天在其禅学思想史上卷第十一章第一节里,首先指出了六祖坛经付嘱第十章中所云,乃系"后人假托之词";同时又引述了空谷景隆尚直编卷下里如下的一段话:"六祖大师法宝坛经第十付嘱章曰'师一日唤法海',此处起首,至于'转相教授,勿失宗旨',共计七百七十七字,此是金天教之人伪造邪言,增入刊板,未革之弊也。详览坛经之意,只是一统说去,分为十章者,亦是金天所分也。"按:空谷所指,系宗宝本坛经。我们虽然不清楚空谷作此论断的依据,但我们相信空谷此说不无道理。按照这一说法,则从上述第四五节"大师遂唤门人法海"直至第四七节"递相教授一卷坛经,不失本宗",这两节多的文字,均属后人伪造的! 从上述文字中的某

117

些内容看来,确乎不大像是慧能的思想。例如"八识",这原是唯识教义,大力提倡"顿悟"说的慧能,很难说他对于唯识思想会发生兴趣。再如,从思想方法上说来,慧能是一个标准的形而上学者,在他的头脑里,会有诸如"三十六对"这类富有辩证法的思想,也是很难令人理解的。总之,说上述这两节多的文字,是后人"伪造邪言,增入刊板"到坛经里去的,当不会是无稽之谈。

〔二〕如见吾亲授 按:坛经之称,当必是在慧能去世之后方才出现的。慧能生前即亲自以坛经授人,也是值得怀疑的。

〔三〕得者必当见性 宇井伯寿也认为这第四十七节是"后人附加"的(详见禅宗史研究第一章坛经考,下同)。按:印顺在中国禅宗史一书里曾经指出:"宇井伯寿作坛经考(载第二禅宗史研究),在铃木大拙区分全部为五十七节的基础上,保留了三十七节为原本,以其馀的为神会门下所增益。"(页二六九)同时印顺还指出:"但他的方法是主观的,不容易为人所授受。"(同上)

四八

大师先天二年八月三日灭度。七月八日,唤门人告别。大师先天元年原本无先字。于新州国恩寺造塔,原本新作樽。至先天二年七月告别。大师言:"汝众近前,吾至八月,原本吾作五。欲离世间,汝等有疑早问,为汝破疑,原本汝作外。当令迷尽,原本迷下有者字。使汝安乐。原本汝作与。吾若去后,无人教汝。"原本人作入,汝作与。法海等众僧闻已,涕泪悲泣,唯有神会不动,亦不悲泣。六祖言:"神会小僧,却得善不善等,原本无不善二字。毁誉不动。馀者不得,原本馀作除。数年山中,更修何道〔一〕?汝今悲泣,更有阿谁忧吾不知去处在?若不知去处,终不别汝。汝等悲泣,即不知吾去处;原本无去字。若知去处,即不悲泣。性本无生无灭,原本本作听。无去无来。汝等尽坐,原本坐作座。吾与汝一偈——真假动静偈,原本汝作如,静作净。汝等尽诵取。原本汝作与。见此偈意,与吾意同;原本与作汝,吾下无意字。依此修行,原本依作于。不失宗旨。"僧众礼拜,请大师留偈,敬心受持。原本持作特。偈曰:

　　一切无有真,不以见于真,若见于真者,原本于作衣。是见尽非真。

若能自有真，离假即心真，自心不离假，无真何处真[二]？

有情即解动，_{原本情作性。}无情即不动，_{原本情作性。}若修不动行，同无情不动。

若见真不动，动上有不动，不动是不动，无情无佛种[三]。_{原本种作众。}

能善分别相，弟一义不动，若悟作此见，则是真如用[四]。

报诸学道者，努力须用意，莫于大乘门，却执生死智。

前头人相应，即共论佛义，_{原本义作语。}若实不相应，合掌令劝善。

此教本无诤，无诤失道意[五]，执迷诤法门，自性入生死[六]。

【校释】

〔一〕唯有神会不动……更修何道　宇井伯寿认为：这几句话，是神会系统的人，在后来加进坛经的。其用意，在于表示慧能对于神会的"印可"，从而美化神会。而且，此时神会已四十六岁（或四十四岁），又安得称之为"小僧"！中国禅宗史也说："慧能对大众而独赞神会，应该是荷泽门下坛经传宗时所附益。"（页二二三）同时，该书还对神会的年龄作了考证："神会的生年多少，有九十三岁说，七十五岁说。近代学者大抵采取九十三岁说，因王维受神会所托作六祖能禅师碑铭（全唐文卷三二七），曾这样说：'弟子曰神会，遇师于晚景，闻道于中年。'慧能于先天二年（七一三）去世，如神会生年七十五，那时仅有二十六岁，便不能说是'中年'。如为九十三岁，那时神会四十四岁。三十多岁来见慧能，便与'闻道于中年'相合。然'生年七十五'，是早期的传说，神会门下的传说，应该给予有利的考虑……我以为:在古代抄写中,'中年'可能为'冲年'的别写。'中'与'冲',是可以假借通用的……神会十四岁来谒六祖,正是'闻道于冲年'……那末神会生年七十五岁,应生于垂拱四年(六八八)。慧能入灭时,神会二十六岁,受具足戒不久,所以有'神会小僧'的传说。"(页二八二—二八四)按:按照律制,年已二十六岁的比丘,也不宜称之为"小僧"。

〔二〕一切无有真……无真何处真　以上,是讲"真假"义。

〔三〕无情无佛种　"佛种",也就是"佛性"。"无情无佛种",也就是"无情无佛性"。神会继承了这一观点。神会语录第三○节说:"牛头山袁禅师问:'佛性遍一切处否?'答曰:'佛性遍一切有情,不遍一切无情。'问曰:'先辈大德皆言道:"青青翠竹,尽是法身;郁郁黄花,无非般若。"今禅师何故言道:"佛性独遍一切有情,不遍一切无情?"'答曰:'岂将青青翠竹同于功德法身?岂将郁郁黄花等般若之智?若青竹、黄花同于法身、般若者,如来于何经中说与青竹、黄花授菩提记?若是将青竹、黄花同于法身、般若者,此即外道说也。'"其实,严格说来,"无情无性"论,按照"真心"一元论——"真如缘起"论的教义,是说不通的。因为,"佛性"就是"真如"。而作为世界本原的"真如",是遍一切处的,也就是既遍于"有情",也遍于"无情"的。正是根据这一理论,唐代的天台宗人便正式提出了"无情有性"的观点(在此之前,隋代的吉藏就已有了这种观点),也就是说,"无情"之物,也具有"佛性"。所以,慧能(神会承袭之)提出"无情无佛种"的说法,并非通论。

〔四〕有情即解动……则是真如用　以上,是讲"动静"义。

〔五〕无净失道意　此句费解。惠昕等三本均作"净即失道意",较通。

〔六〕……自性入生死　既然一切众生都是由"真如"(自性、本性)

坛经校释　四八

121

兴造出来的，则众生轮回于生死，自然也就等于是"自性入生死"了。这一所谓的真假动静偈，文不典雅，含义模糊（因而也就没有必要再对它们作什么解释或说明），读者意会可矣。

四九

众僧既闻,识大师意,更不敢净,依法修行。一时礼拜,即知大师不永住世。原本知作之。上座法海向前言:"大师!大师去后,衣法当付何人?"大师言:"法即付了,汝不须问。吾灭后二十馀年,邪法撩乱,原本撩作辽。惑我宗旨。有人出来,不惜身命,定佛教是非,原本定作弟。竖立宗旨,即是吾正法〔一〕。衣不合传。原本传作转。汝不信,吾与诵先代五祖传衣付法颂。原本颂作诵。若据弟一祖达摩颂意,即不合传衣。听吾与汝颂,原本吾作五。颂曰:

弟一祖达摩和尚颂曰:

吾本来唐国〔二〕,原本本作大。传教救迷情,原本教作撒,迷情作名清。一花开五叶〔三〕,结果自然成〔四〕。

弟二祖惠可和尚颂曰:

本来缘有地,从地种花生,当本元无地,原本元作愿。花从何处生?

弟三祖僧璨和尚颂曰:

花种虽因地,地上种花生,原本花作化。花种无生性,于地亦无生。

弟四祖道信和尚颂曰：

花种有生性，因地种花生，先缘不和合，一切尽无生。

弟五祖弘忍和尚颂曰：

有情来下种，无情花即生，无情又无种，心地亦无生〔五〕。

弟六祖惠能和尚颂曰〔六〕：

心地含情种，法雨即花生，自悟花情种，原本悟作吾。菩提果
自成〔七〕。”

【校释】

〔一〕吾灭后二十餘年……即是吾正法　宇井伯寿认为，这一段也是
　　神会系统的人在以后附加进坛经的。按：这一段惠昕本作：“吾
　　灭后二十年间，邪法撩乱，惑我正宗。有一人出来，不惜身命，
　　定于佛法，竖立宗旨，即是吾法弘于河洛，此教大行。”伪迹更为
　　明显。中国禅宗史一书里，一则说：“这明显是暗示神会于开元
　　二十年（七三二）顷，在滑台大云寺召开定南宗宗旨大会的事。
　　神会语录作‘我灭度后四十年外’。坛经大乘寺本作‘有南阳
　　人出来……即是吾法弘于河洛，此教大行’，更明显地暗示神会
　　在洛阳提倡南宗，这分明是荷泽门下所附益的。”（页二二三）
　　再则说：“这一问答，与十弟子说相矛盾。这是影射慧能灭后二
　　十年（七三二），神会于滑台大云寺开无遮大会，定佛教是非，竖
　　立南宗顿教的事实。这显然是神会的‘习徒迷真，橘枳变体，竟
　　成坛经传宗’所增人。”（页二九〇）契嵩、宗宝两本均无这段文
　　字。表明契嵩、宗宝两人的作伪手法，更为“高明”一些。

〔二〕吾本来唐国　北魏之世，何来“唐国”！惠昕本作“吾本来东
　　土”，契嵩本、宗宝本作“吾本来兹土”，稍掩伪迹。

〔三〕一花开五叶　“一花开五叶”，表明这一颂文，乃是禅宗五家出

现以后的产物(一说"五叶"指自<u>达磨</u>以至<u>弘忍</u>的五代,有些牵强),而且,"花"又怎能"开"出"叶"来? 也实在不通!

〔四〕结果自然成　原本"果"作"菓",今据<u>惠昕</u>等三本改。

〔五〕……心地亦无生　<u>惠昕</u>等三本,均无<u>慧可</u>至<u>弘忍</u>的四偈。这种<u>法海</u>本有、其馀本无的情况,只是表明在<u>法海</u>本里,也有假的东西;却并不表明在其馀本里,内容都是真实的——它不过表明:其馀三本的改编者,在作伪方面,手法比较"高明"一些而已!

〔六〕弟六祖惠能和尚颂曰　这种脱口而出的称呼,恰恰暴露出:连<u>慧能</u>的这一颂文,也是后人假托的。

〔七〕菩提果自成　原本"果"作"菓",今据<u>惠昕</u>等三本改。

坛
经
校
释

四
九

五〇

能大师言：“汝等听吾作二颂，取达摩和尚颂意。汝迷人依此颂修行，必当见性。弟一颂曰：

心地邪花放，五叶逐根随，共造无明业，_{原本业作叶。}见被业风吹。_{原本业作叶。}

弟二颂曰：

心地正花放，五叶逐根随，_{原本根作恨。}共修般若惠，当来佛菩提〔一〕。”

六祖说偈已了，放众人散〔二〕。门人出外思惟，即知大师不久住世。

【校释】

〔一〕……当来佛菩提　上述两颂，惠昕等三本都没有，表明也是后加的。

〔二〕放众人散　“人”原本作“生”，今改。此句惠昕本作“令门人且散”。

五一

　　六祖后至八月三日食后，大师言："汝等著位坐，原本著作善，坐作座。吾今共汝等别。"原本吾作五，汝作与。法海问言：原本问作闻。"此顿教法传授，原本授作受。从上已来，至今几代？"六祖言："初传授七佛，原本授作受。释迦牟尼佛弟七，大迦叶弟八，阿难弟九，末田地弟十，商那和修弟十一，优婆掬多弟十二，提多迦弟十三，佛陁难提弟十四，佛陁蜜多弟十五，胁比丘弟十六，富那奢弟十七，马鸣弟十八，毗罗尊者弟十九，原本尊作长。龙树弟二十，迦那提婆弟廿一，罗睺罗弟廿二，僧迦那提弟廿三，僧迦耶舍弟廿四，原本耶作那。鸠摩罗驮第廿五，阇耶多弟廿六，婆修盘多弟廿七，摩拿罗弟廿八，鹤勒那弟廿九，师子比丘弟卅，舍那婆斯弟卅一，优婆崛弟卅二，僧迦罗弟三十三，须婆蜜多弟三十四，南天竺国王子弟三子菩提达摩弟三十五[一]，原本竺作竹。唐国僧惠可[二]弟三十六，僧璨弟三十七，道信弟三十八，弘忍弟三十九，惠能自身当今受法弟四十。"原本四十作十四。大师言："今日已后，递相传授，原本授作受。须有依约，莫失宗旨。[三]"

【校释】

〔一〕南天竺国王子 "子"字,疑衍。

〔二〕唐国僧惠可 慧可乃南北朝时人,称为"唐国僧",误。

〔三〕系统的传法之说,在中国始见于伪书付法藏因缘传,止"二十四代"(在此之前,尝有阿育王传卷四中的"五师相承"之说等等),最早为天台宗人所接受(天台宗人并据此而否认禅宗的所谓"二十八代"说)。禅宗创立后,为了表示它的源远流长,便也编排了递代相承的"法统"。这一编排,经中唐、五代到宋初,最后确定禅宗法统的,则是北宋契嵩的传法正宗记和传法正宗定祖图,立定"二十八代"说(单就印度从迦叶开始的传承而言)。但惠昕本、契嵩本、宗宝本坛经及景德传灯录、传法正宗记等各书所列人名,均稍有出入。谈到禅宗传法世系的更早的还有宝林传(唐慧炬撰,成书于公元八〇一年)、祖堂集及宗镜录。可见,禅宗西天的"二十八代"说,也可说是其来有自了。不过,尽管上述名单中的这些人物,大体上都可说是历史人物,但是,把他们编排为禅宗的传法世系,却完全是杜撰的,而且是晚出的。慧能当时尚不会有一个完整的、定型的禅宗世系,更不可能由慧能本人一口气讲出这么一个自迦叶以至达磨的传法世系。所以,宇井伯寿说法海本坛经的第五十一节是"后世附加"的话,当非无据之谈。

坛经校释

五二

法海又白："大师今去，留付何法〔一〕？令后代人如何见佛〔二〕?"_{原本令作今。}六祖言："汝听！后代迷人，但识众生，即能见佛；若不识众生，觅佛万劫不得见也。吾今教汝识众生见佛，_{原本吾作五。}更留<u>见真佛解脱颂</u>，迷即不见佛，悟者即见。"<u>法海</u>愿闻，代代流传，世世不绝。六祖言："汝听！吾与汝说。_{原本与汝作汝与。}后代世人，若欲觅佛，但识佛心众生，即能识佛。即缘有众生，_{原本无生字。}离众生无佛心。

迷即佛众生，悟即众生佛。愚痴佛众生，智惠众生佛。

心险佛众生，_{原本险作剑。}平等众生佛。一生心若险，_{原本险作剑。}佛在众生中。

一念吾若平，即众生自佛。我心自有佛，自佛是真佛。自若无佛心，向何处求佛〔三〕。"

【校释】

〔一〕留付何法　<u>法海</u>身为<u>慧能</u>上首弟子，<u>慧能</u>临终，他竟不知将留"何法"，这一问，很不近情理。

〔二〕令后代人如何见佛　将要分化一方的<u>法海</u>，竟还不知道应该如

129

何令后代人见佛,则<u>法海</u>跟<u>慧能</u>学法一生,简直是白学了!

〔三〕……向何处求佛　<u>惠昕</u>等三本变颂文为长行,意思基本相同。这第五二节前面的长行,一开头就很不合乎情理;后面的偈颂词俚、意俗,殊无深义。很显然,它也是后来加进<u>坛经</u>的。

五三

大师言："汝等门人好住，吾留一颂，名自性真佛解脱颂。后代迷人识此颂意〔一〕，原本人作门，无识字，重意字。即见自心自性真佛〔二〕。与汝此颂，吾共汝别。颂曰：

真如净性是真佛，邪见三毒是真魔，原本魔作摩。邪见之人魔在舍，原本魔作摩。正见之人佛则过〔三〕。

性中邪见三毒生，原本中作众。即是魔王来住舍，原本魔作摩。正见忽除三毒心〔四〕，原本除作则，心作生。魔变成佛真无假。原本魔作摩。

化身、报身及法身，原本法作净。三身元本是一身，若向身中觅自见〔五〕，即是成佛菩提因。原本无成字。

本从化身生净性〔六〕，原本化作花。净性常在化身中，原本化作花。性使化身行正道〔七〕，原本化作花。当来圆满真无穷〔八〕。

淫性本是清净因〔九〕，原本是作身。除淫即无净性身〔一〇〕，性中但自离五欲，原本五作吾。见性刹那即是真。

今生若悟顿教门，原本悟作吾。悟即眼前见世尊，原本世作性。若欲修行云觅佛，不知何处欲求真。

131

若能身中自有真[一一]，有真即是成佛因，自不求真外觅佛，去觅总是大痴人。

顿教法者是西流，求度世人须自修，今报世间学道者，_{原本报作保。}不依此是大悠悠[一二]。"_{原本依作于。}

大师说偈已了，遂告门人曰："汝等好住，今共汝别。吾去已后，莫作世情悲泣，而受人吊问钱帛，_{原本问作门。}著孝衣，即非正法，_{原本正作圣。}非我弟子。如吾在日一种，一时端坐，但无动无静，_{原本静作净。}无生无灭，无去无来，无是无非，无住无往，_{原本无无往二字。}但然寂静[一三]，_{原本静作净。}即是大道。吾去已后，但依法修行，_{原本依作衣。}共吾在日一种；吾若在世，汝违教法，吾住无益[一四]。"大师云此语已[一五]，夜至三更，奄然迁化。_{原本化作花。}大师春秋七十有六。

【校释】

〔一〕识此颂意　惠昕等三本均作"识此偈意"。

〔二〕即见自心自性真佛　惠昕本、宗宝本作："自见本心，自成佛道。"契嵩本作："自见本心，自成佛性。""自成佛性"，欠通。

〔三〕正见之人佛则过　"之"原本作"知"，惠昕等三本均作"正见之时佛在堂"，较通。"佛则过"，很不通。

〔四〕正见忽除三毒心　惠昕等三本均作"正见自除三毒心"，较通。

〔五〕若向身中觅自见　惠昕等三本均作"若向性中能自见"，意思比较清楚。

〔六〕本从化身生净性　从化身生净性，不通。"净性"（法性、真如）是本具的，并非后生的。似应作"化身本从净性生"。

〔七〕性使化身行正道　"性使"，不通。"性"是无为法，怎么能"使……"。似应作"化身因性行正道"。

〔八〕当来圆满真无穷　"真无穷",语意不明。

〔九〕淫性本是清净因　惠昕等三本均作"淫性本是净性因"。

〔一〇〕除淫即无净性身　惠昕本同。契嵩本、宗宝本作"除淫即是
　　　净法身"。"净性身"与"净法身",含义相同,只是"净法身"
　　　比较常见一些。

〔一一〕若能身中自有真　"有",铃木校本据惠昕等本改作"见"。但
　　　从下句"有真即是成佛因"(惠昕等三本同)看来,"有"字不
　　　错。人人心中本皆具有真如、佛性,"若能"二字,殊为不妥。

〔一二〕不依此是大悠悠　惠昕本作"不作此是大悠悠"。契嵩本、宗
　　　宝本作"不作此见大悠悠"。以上颂文,鄙俚不堪,名曰自性
　　　真佛解脱颂,实在低下。

〔一三〕但然寂静　铃木校本改"但"为"坦"。中国禅宗史则"然"字
　　　作"能"——"但能(原作然)寂静,即是大道。"(页二二五)与
　　　"即是大道"联系起来看,则"但能"似较"坦然"更贴切些。

〔一四〕吾住无益　契嵩本、宗宝本此下增加"复说偈曰:'兀兀不修
　　　善,腾腾不造恶,寂寂断见闻,荡荡心无著。'师说偈已"一段。

〔一五〕大师云此语已　惠昕本作"大师言讫"。契嵩本、宗宝本作
　　　"师说偈已"。铃木校本改"云"为"言",实则不如改"云"为
　　　"说"。

五四

　　大师灭度,诸日寺内异香氲氲,经数日不散。山崩地动,_原本崩作朋。林木变白,日月无光,风云失色。八月三日灭度,至十一月,迎和尚神座于漕溪山,葬在龙龛之内。白光出现,直上冲天,二日始散。韶州刺史韦璩立碑,_{原本璩作处。}至今供养〔一〕。

【校释】

　　〔一〕……至今供养　这第五四节分明是后来加进坛经的。

五五

此坛经，法海上座集。上座无常，付同学道漈；道漈无常，付门人悟真〔一〕。悟真在岭南漕溪山法兴寺，见今传授此法。原本授作受。

【校释】

〔一〕此坛经……付门人悟真　惠昕本作："泊乎法海上座无常，以此坛经付嘱志道，志道付彼岸，彼岸付悟真，悟真付圆会。"契嵩本、宗宝本均未及此。胡适在其坛经考之二里，将上述关于坛经早期传承的两种记载，列表如下：

　　（敦煌本）法海

　　　　　　↓

　　道际→悟真

　　（惠昕本）法海→志道→彼岸→悟真→圆会（见胡适论学近著第一集上册，页三一七）

字井伯寿对此也曾有所考证和说明（详见禅宗史研究坛经考）。他的结论是："关于坛经付嘱的两个系统，即法海后的道漈——悟真相承和志道——彼岸——悟真——圆会相承，前者是敦煌本系统，后者是惠昕本系统。"

五六

如付此法,_{原本此作山。}须得上根知^{〔一〕}。_{原本得作德,根作恨。}心信佛法,立大悲,持此经,以为依承,_{原本依作衣。}于今不绝。

【校释】

〔一〕须得上根知　"知",当作"智"。

五七

和尚本是<u>韶州</u><u>曲江县</u>人也^{〔一〕}。_{原本县作悬。}如来入涅盘，法教流东土，共传无住，即我心无住。此真菩萨说，直示^{〔二〕}_{原本直作真。}行实喻^{〔三〕}，_{喻字可疑。}唯教大智人，是旨依^{〔四〕}。_{原本依作衣。}凡誓度修行，_{原本誓度作度誓，重修行二字。}遭难不退，遇苦能忍，福德深厚，方授此法。如根性不堪，材量不得，_{原本材作林。}虽求此法，_{原本虽作须。}违立不得者^{〔五〕}，_{原本得作德。}不得妄付<u>坛经</u>。告诸同道者，令知蜜意^{〔六〕}。_{原本令知作今诸。}

南宗顿教最上大乘坛经法一卷

【校释】

〔一〕和尚本是<u>韶州</u><u>曲江县</u>人也　按：这是错把<u>法海</u>的籍贯，当成了<u>慧能</u>的籍贯。因为，本书第二节<u>慧能</u>自述："<u>惠能</u>慈父，本官<u>范阳</u>，左降迁流<u>岭南</u>，作<u>新州</u>百姓。"则<u>慧能</u>应是<u>广东</u><u>新州</u>人，而不是<u>韶州</u><u>曲江县</u>人。如前所述，<u>法海</u>才是<u>韶州</u><u>曲江县</u>人（如果说这里的和尚，就是指的<u>法海</u>，那是根本不合体例的）。<u>宇井伯寿</u>在其<u>禅宗史研究</u><u>坛经考</u>里，也曾从地理位置上指出了这一

137

错误。

〔二〕直示 "直示",颇费解。

〔三〕行实喻 <u>铃木</u>觉得"喻字可疑"。其实,"行实喻",亦颇费解。

〔四〕是旨依 "是旨依",意亦含糊。

〔五〕违立不得者 "违立不得",意思不明。

〔六〕……令知蜜意 "蜜",应作"密"。这<u>坛经</u>的最后一节,竟是如
此的文理不通,反映出附加者的水平实在低下!

附　录

六祖大师法宝坛经略序[1]

唐释法海撰

大师名惠能。父卢氏,讳行瑫。母李氏,诞师于唐贞观十二年戊戌二月八日子时。时毫光腾空,异香满室。黎明,有二异僧造谒,谓师之父曰:"夜来生儿,专为安名,可上'惠'下'能'也。"父曰:"何名'惠能'?"僧曰:"'惠'者,以法惠施众生;'能'者,能作佛事。"言毕而出,不知所之。师不饮乳,夜遇神人,灌以甘露。

既长,年二十有四,闻经悟道,往黄梅求印可。五祖器之,付衣法,令嗣祖位。时龙翔(朔)元年辛酉岁也。南归隐遁一十六年,至仪凤元年丙子正月八日,会印宗法师,宗悟契师旨。是月十五日,普会四众,为师薙发。二月八日,集诸名德,授具足戒。西京智光律师为授戒师,苏州慧静律师为羯磨,荆州通应律师为教授,中天耆多罗律师为说戒,西国蜜多三藏为证戒。

---

〔1〕 据印顺考证,这篇略序与下篇外纪,"所说与坛经每每不合,绝非坛经记录者法海所作"(中国禅宗史页二六七)。这一论断,可作参考。

其戒坛乃宋朝求那跋陀罗三藏创建。立碑曰："后当有肉身菩萨于此收(受)戒。"又，梁天监元年，智药三藏自西竺国航海而来，将彼土菩提树一株，植此坛畔。亦预志曰："后一百七十年，有肉身菩萨于此树下开滨(演)上乘，度无量众，真传佛心印之法主也。"师至是祝发受戒，及与四众开示单传之法旨，一如昔谶。以天监元年壬午岁，考至唐仪凤元年丙子，是得一百七十有五年。

次年春，师辞众归宝林，印宗与缁白送者千馀人，直至曹溪。时荆州通应律师，与学者数百人，依师而往。至曹溪宝林，睹堂宇湫隘，不足容众，欲广之。遂谒里人陈亚仙曰："老僧欲就檀越求坐具地，得不？"仙曰："和尚坐具几许阔？"祖出坐具示之，亚仙唯然。祖以坐具一展，尽罩曹溪四境，四天王现身，坐镇四方。今寺境有天王岭，因兹而名。仙曰："知和尚法力广大，但吾高祖坟墓并在此地，他日造墓(塔)，幸望存留，馀愿尽舍，永为宝坊。然此地乃生龙白象来脉，只可平天，不可平地。"寺后营建，一依其言。

师游坟(境)内山水胜处辄憩，近遂成兰若一十三所。今曰花果院，隶借寺门。兹宝林道场，亦先是西国智药三藏自南海经曹溪口，掬水而饮，香美，异之。谓其徒曰："此水与西天之水无别，溪源上必有胜地，堪为兰若。"随流至源上，四顾山水回环，峰峦奇秀，叹曰："宛如西天宝林山也。"乃谓曹溪村居民曰："可于此山建一梵刹，一百七十年后，当有无上法宝于此滨(演)化，得道者如林，宜号宝林。"时韶州牧侯敬中以其言具表闻奏。上可其请，赐宝林为额，遂成梵宫，落成于梁天监三年。

寺殿前有潭一所，龙常出没其间，触挠林木。一日，现形甚巨，波浪汹涌，云雾阴翳，徒众皆惧。师叱之曰："尔只能现大

身,不能现小身。若为神龙,当能变化,以小现大,以大现小
也。"其龙忽没,俄顷复现小身,跃出潭面。师展钵试之曰:"尔
且不敢入老僧钵盂里。"龙乃游扬至前,师以钵舀之,龙不能动。
师持钵堂上,与龙说法。龙遂蜕骨而去。其骨长可七寸,首尾
角足皆具,留传寺门。师后以土石埋其潭,今殿前左侧有铁塔
处是也。龙骨至己卯,寺罹兵火,因失,未知所之。

(录自全唐文卷九一五)

坛
经
校
释

六祖大师缘起外纪[1]

附录
六祖大师缘起外纪

　　大师名惠能。父卢氏，讳行瑫，唐武德三年九月，左官新
州。母李氏，先梦庭前白华竞发，白鹤双飞，异香满室，觉而有
娠。遂洁诚斋戒，怀妊六年，师乃生焉。唐贞观十二年戊戌岁
二月八日子时也。时毫光腾空，香气芳馥。黎明，有二僧造谒，
谓师之父曰："夜来生儿，专为安名，可上'惠'下'能'也。"父
曰："何名'惠能'？"僧曰："'惠'者，以法惠济众生；'能'者，能
作佛事。"言毕而出，不知所之。师不饮母乳，遇夜，神人灌以甘
露。三岁父丧，葬于宅畔。母守志鞠养。

　　既长，鬻薪供母。年二十有四，闻经有省，往黄梅参礼。五
祖器之，付衣法，令嗣祖位。时龙朔元年辛酉岁也。南归隐遁，
至仪凤元年丙子正月八日，会印宗法师，诘论玄奥，印宗悟契师

---

　　〔1〕　丁福保认为，此文系后人增删六祖大师法宝坛经略序而成者，并谓："其所增
之事实，间有穿凿附会之处，且文笔亦陋。"（见丁著六祖大师法宝坛经笺注卷首六祖大
师法宝坛经略序题注）按：此文与略序，虽然"大同"，也有"小异"，姑并录之，以备参照。

旨。是月十五日，普会四众，为师薙发。二月八日，集诸名德，授具足戒。<u>西京</u>智光律师为授戒师，<u>苏州</u>慧静律师为羯磨，<u>荆州</u>通应律师为教授，<u>中天</u>耆多罗律师为说戒，西国蜜多三藏为证戒。其戒坛乃宋朝求那跋陁罗三藏创建。立碑曰："后当有肉身菩萨于此受戒。"又梁天监元年，智药三藏自<u>西竺国</u>航海而来，将彼土菩提树一株，植此坛畔。亦预志曰："后一百七十年，有肉身菩萨于此树下开演上乘，度无量众，真传佛心印之法主也。"师至是祝发受戒，及与四众开示单传之旨，一如昔谶。梁<u>天监</u>元年壬午岁，至唐仪凤元年丙子，得一百七十五年。

次年春，师辞众归<u>宝林</u>，<u>印宗</u>与缁白送者千馀人，直至<u>曹溪</u>。时<u>荆州</u>通应律师，与学者数百人，依师而住。师至<u>曹溪宝林</u>，睹堂宇湫隘，不足容众，欲广之。遂谒里人<u>陈亚仙</u>曰："老僧欲就檀越求坐具地，得不？"仙曰："和尚坐具几许阔？"祖出坐具示之。<u>亚仙</u>唯然。祖以坐具一展，尽罩<u>曹溪</u>四境，四天王现身，坐镇四方。今寺境有<u>天王岭</u>，因兹而名。仙曰："知和尚法力广大，但吾高祖坟墓并在此地，他日造塔，幸望存留，余愿尽舍，永为宝坊。然此地乃生龙白象来脉，只可平天，不可平地。"寺后营建，一依其言。

师游境内，山水胜处辄憩止，遂成兰若一十三所。今曰华果院，隶籍寺门。其<u>宝林</u>道场，亦先是西国智药三藏自<u>南海</u>经<u>曹溪口</u>，掬水而饮，香美，异之。谓其徒曰："此水与西天之水无别，溪源上必有胜地，堪为兰若。"随流至源上，四顾山水回环，峰峦奇秀，叹曰："宛如西天<u>宝林山</u>也。"乃谓<u>曹侯村</u>居民曰："可于此上建一梵刹，一百七十年后，当有无上法宝于此演化，得道者如林，宜号<u>宝林</u>。"时<u>韶州</u>牧<u>侯敬中</u>以其言具表闻奏，上可其请,赐宝林为额,遂成梵宫,落成于梁天监三年。

　　寺殿前有潭一所,龙常出没其间,触挠林木。一日现形甚巨,波浪汹涌,云雾阴翳,徒众皆惧。师叱之曰:"你只能现大身,不能现小身。若为神龙,当能变化,以小现大,以大现小也。"其龙忽没,俄顷复现小身,跃出潭面。师展钵试之曰:"你且不敢入老僧钵盂里。"龙乃游扬至前,师以钵舀之,龙不能动。师持钵堂上,与龙说法。龙遂蜕骨而去。其骨长可七寸,首尾角足皆具,留传寺门。师后以土石堙其潭,今殿前左侧有铁塔镇处是也。

　　　　　　　　　　（录自普慧大藏经四本坛经合刊本）

曹溪大师别传（节录）〔1〕

·········

惠能大师，俗姓卢氏，新州人也。少失父母，三岁而孤。虽处群辈之中，介然有方外之志。

其年，大师游行至曹溪，与村人刘志略结义为兄弟，时春秋三十。略有姑出家，配山涧寺，名无尽藏，常诵涅槃经。大师昼与略役力，夜即听经，至明，为无尽藏尼解释经义，尼将经与读，大师曰："不识文字。"尼曰："既不识字，如何解释其义？"大师曰："佛性之理，非关文字能解，今不识文字何怪？"众人闻之，皆嗟叹曰："见解如此，天机自悟，非人所及，堪可出家，住此宝林寺。"大师即住此寺修道，经三年，正当智药三藏一百七十年悬记之时也。时大师春秋卅有三。后闻乐昌县西石窟有远禅师，遂投彼学坐禅。大师素不曾学书，竟未披寻经论。时有惠纪禅师，诵投陁经，大师闻经叹曰："经意如此，今我空坐何为？"

至咸亨五年，大师春秋卅有四，惠纪禅师谓大师曰："久承蕲州黄梅山忍禅师开禅门，可往彼修学。"大师其年正月三日，

──────────

〔1〕 本文开头一段，没有什么历史意义；末后的一些文字，与惠能无关，故并节略。

发<u>韶州</u>,往<u>东山</u>,寻<u>忍大师</u>。策杖涂跣,孤然自行。至<u>洪州东</u>路,时多暴虎,大师独行山林无惧,遂至<u>东山</u>。见<u>忍大师</u>,<u>忍大师</u>问曰:"汝化物来?"<u>能</u>答曰:"唯求作佛来。"<u>忍</u>问曰:"汝是何处人?"<u>能</u>答曰:"<u>岭南新州</u>人。"<u>忍</u>曰:"汝是<u>岭南新州</u>人,宁堪作佛?"<u>能</u>答曰:"<u>岭南新州</u>人佛性,与和上佛性有何差别?"<u>忍大师</u>更不复问,可谓自识佛性,顿悟真如,深奇之,奇之。<u>忍大师</u>山中门徒至多,顾眄左右,悉皆龙象,遂令<u>能</u>入厨中供养,经八个月。<u>能</u>不避艰苦,忽同时(伴)戏调,嶷然不以为意。忘身为道,仍踏碓。自嫌身轻,乃系大石著腰,坠碓令重,遂损腰脚。<u>忍大师</u>因行至碓米所,问曰:"汝为供养损腰脚,所痛如何?"<u>能</u>答曰:"不见有身,谁言之痛?"

　　<u>忍大师</u>至夜,命<u>能</u>入房,大师问:"汝初来时,答吾岭南人佛性与和上佛性有何差别。谁教汝耶?"答曰:"佛性非偏,和上与<u>能</u>无别,乃至一切众生皆同,更无差别,但随根隐显耳。"<u>忍大师</u>征曰:"佛性无形,如何隐显?"<u>能</u>答曰:"佛性无形,悟即显,迷即隐。"于时<u>忍大师</u>门徒见<u>能</u>与和上论佛性义,大师知诸徒不会,遂遣众人且散。<u>忍大师</u>告<u>能</u>曰:"如来临般涅槃,以甚深般若波罗蜜法付嘱<u>摩诃迦叶</u>,<u>迦叶</u>付<u>阿难</u>,<u>阿难</u>付<u>商那和修</u>,<u>和修付优波掬多</u>,在后展转相传,西国经二十八祖,至于<u>达磨多罗大师</u>,<u>汉地</u>为初祖,付嘱<u>惠可</u>,<u>可</u>付<u>璨</u>,<u>璨</u>付<u>双峰信</u>,<u>信</u>付于吾矣;吾今欲逝,法嘱于汝,汝可守护,无令断绝。"<u>能</u>曰:"<u>能</u>是南人,不堪传授佛性,此间大有龙象。"<u>忍大师</u>曰:"此虽多龙象,吾深浅皆知,犹兔与马,唯付嘱象王耳。"<u>忍大师</u>即将所传袈裟付<u>能</u>,大师遂顶戴受之。大师问和上曰:"法无文字,以心传心,以法传法,用此袈裟何为?"<u>忍大师</u>曰:"衣为法信,法是衣宗,从上相传,更

无别付;非衣不传于法,非法不传于衣。衣是西国师子尊者相传,令佛法不断。法是如来甚深般若,知般若空寂无住,即而了法身,见佛性空寂无住,是真解脱。汝可持衣去。"遂则受持,不敢违命。然此传法袈裟,是中天布,梵云婆罗那,唐言第一好。布是木绵花作,时人不识,谬云丝布。忍大师告能曰:"汝速去,吾当相送。"随至蕲州九江驿。忍大师告能曰:"汝传法之人,后多留难。"能问大师曰:"何以多难?"忍曰:"后有邪法竞兴,亲附国王、大臣,蔽我正法,汝可好去。"能遂礼辞南行。忍大师相送已,却还东山,更无言说。诸门人惊怪,问:"和上何故不言?"大师告众曰:"众人散去,此间无佛法,佛法已向南去也。我今不说,于后自知。"忍大师别能大师,经停三日,重告门人曰:"大法已行,吾当逝矣。"忍大师迁化,百鸟悲鸣,异香芳馥,日无精光,风雨折树。

时有四品官,俗姓陈氏,舍俗出家事和上,号惠明禅师。闻能大师将衣钵去,遂奔趁南方,寻至大庾岭,见能大师,大师即将衣钵遂还明,明曰:"来不为衣钵,不审和尚初付嘱时,更有何言教,愿垂指示。"能大师即为明禅师传嘱授密言,惠明唯然受教,遂即礼辞。明语能曰:"急去,急去!在后大有人来相趁逐。"能大师即南行。至来朝,果有数百人来,至岭,见明禅师,师曰:"吾先至此,不见此人,问南来者亦不见,此人患脚,计未过此,诸人却向北寻。"明禅师得言教,犹未晓悟,却居庐山峰顶寺,三年方悟密语。明后居蒙山,广化群品。

能大师归南,略至曹溪,犹被人寻逐,便于广州四会怀集两县界避难,经于五年,在猎师中。大师春秋三十九。至仪凤元年初,于广州制旨寺听印宗法师讲涅槃经,法师是江东人也。

148

其制旨寺是宋朝求那跋摩三藏置，今广州龙兴寺是也。法师每劝门人商量论义，时嘱正月十三日悬幡，诸人夜论幡义，法师廊下隔壁而听。初论幡者："幡是无情，因风而动。"第二人难言："风幡俱是无情，如何得动？"第三人："因缘和合故合动。"第四人言："幡不动，风自动耳。"众人诤论，喧喧不止。能大师高声止诸人曰："幡无如馀种动。所言动者，人者心自动耳。"印宗法师闻已，至明日讲次欲毕，问大众曰："昨夜某房论义，在后者是谁？此人必禀承好师匠。"中有同房人云："是新州卢行者。"法师云："请行者过房。"能遂过房。法师问曰："曾事何人？"能答曰："事岭北蕲州东山忍大师。"法师又问："忍大师临终之时，云佛法向南，莫不是贤者否？"能答："是。""既云是，应有传法袈裟，请一暂看。"印宗见袈裟已，珍重礼敬，心大欢喜，叹曰："何期南方有如是无上之法宝！"法师曰："忍大师付嘱，如何指授言教？"能大师答曰："唯论见性，不论禅定解脱、无为无漏。"法师曰："如何不论禅定解脱、无漏无为？"能答曰："为此多法不是佛性，佛性是不二之法。涅槃经明其佛性不二之法，即此禅也。"法师又问："如何佛性是不二之法？"能曰："涅槃经高贵德王菩萨白佛言：'世尊，犯四重禁，作五逆罪，及一阐提等，为当断善根，佛性改否？'佛告高贵德王菩萨：'善根有二：一者常，二者无常。佛性非常非无常，是故不断，名之不二。一者善，二者不善。佛性非善非不善，是故不断，名为不二。'又云：'蕴之与界，凡夫见二，智者了达，其性无二，无二之性，即是实性。明与无明，凡夫见二，智者了达，其性无二，无二之性，即是实性。实性无二。'"能大师谓法师曰："故知佛性是不二之法。"印宗闻斯解说，即起合掌虔诚，愿事为师。明日讲次，告众人曰："印宗何幸，身是凡夫，不期座下法身菩萨。印宗所为众人说涅槃经，犹如瓦砾，昨夜请卢行者过房论义，犹如金玉，诸人信否？然此贤者是东山忍大师传法之人，诸人永不信，请行者将传法袈裟呈示诸人。"诸人见已顶礼，咸生信重。仪凤元年正月十七日，印宗与能大师剃发落；二月八日，于法性寺受戒，戒坛是宋朝求那跋摩三藏所置。当时遥记云："于后当有罗汉登此坛，有菩萨于此受戒。"今能大师受戒，应其记也。出高僧录。能大师受戒和尚，西京总持寺智光律师；羯磨阇梨，苏州灵光寺惠静律师；教授阇梨，荆州天皇寺道应律师。后时，三师皆于能大师所学道，终于曹溪。其证戒大德：一是中天耆多罗律师，二是密多三藏。此二大德皆是罗汉，博达三藏，善中、边言，印宗法师请为尊证也。又萧梁末有真谛三藏，于坛边种菩提树两株，告众僧曰："好看此树，于后有菩萨僧于此树下演无上乘。"于后能大师于此树下坐，为众人开东山法门，应真谛三藏记也。出真谛三藏传。

其年四月八日，大师为大众初开法门曰："我有法，无名无字，无眼无耳，无身无意，无言无示，无头无尾，无内无外，亦无中间，不去不来，非青黄赤白黑，非有非无，非因非果。"大师问众人："此是何物？"大众两两相看，不敢答。时有荷泽寺小沙弥神会，年始十三，答："此之（按："之"当作"是"）佛之本源。"大师问："云何是本源？"沙弥答曰："本源者，诸佛本性。"大师云："我说无名无字，汝云何言佛性有名字？"沙弥曰："佛性无名字，因和尚问故立名字，正名字时，即无名字。"大师打沙弥数下。大众礼谢曰："沙弥小人，恼乱和上。"大师云："大众且散去，留此饶舌沙弥。"至夜间，大师问沙弥："我打汝时，佛性受否？"答云："佛性无受。"大师问："汝知痛否？"沙弥答："知痛。"大师问:"汝既知痛,云何道佛性无受?"沙弥答:"岂同木石?虽痛而心性不受。"大师语沙弥曰:"节节支解时,不生嗔恨,名之无受。我忘身为道,踏碓直至跨脱,不以为苦,名之无受。汝今被打,心性不受,汝受诸触,如智证得真正受三昧。"沙弥密受付嘱。大师出家、开法、受戒,年登四十。<u>印宗法师</u>请大师归<u>制旨寺</u>,今<u>广州龙兴寺经藏院</u>,是大师开法堂。法师问能大师曰:"久在何处住?"大师云:"<u>韶州曲县南五十里曹溪村</u>故<u>宝林寺</u>。"法师讲经了,将僧俗三千馀人,送大师归<u>曹溪</u>。因兹广阐禅门,学徒十万。

至神龙元年正月十五日,敕迎大师入内,表辞不去。<u>高宗大帝</u>敕曰:"朕虔诚慕道,渴仰禅门,召诸州名山禅师,集内道场供养,<u>安</u>、<u>秀</u>二德,最为僧首。朕每谘求,再推南方有<u>能禅师</u>,密受<u>忍大师</u>记传,传<u>达磨</u>衣钵,以为法信,顿悟上乘,明见佛性,今居<u>韶州曹溪山</u>,示悟众生即心是佛。朕闻如来以心传心,嘱付<u>迦叶</u>,<u>迦叶</u>展转相传,至于<u>达磨</u>,教被东土,代代相传,至今不绝。师既禀承有依,可往京城施化,缁俗归依,天人瞻仰。故遣中使<u>薛简</u>迎师,愿早降至。神龙元年正月十五日下。"

<u>韶州曹溪山释迦惠能辞疾表</u>:"惠能生自偏方,幼而慕道,叨为<u>忍大师</u>嘱付如来心印,传西国衣钵,授东土佛心。奉天恩遣中使<u>薛简</u>召能入内,惠能久处山林,年迈风疾,陛下德包物外,道贯万民,育养苍生,仁慈黎庶,旨弘大教,钦崇<u>释门</u>,恕惠能居山养疾,修持道业,上答皇恩,下及诸王、太子。谨奉表。<u>释迦惠能</u>顿首,顿首!"

中使<u>薛简</u>问大师:"京城大德禅师教人要假坐禅,若不因禅定解脱得道,无有是处。"大师云:"道由心悟,岂在坐耶?<u>金刚</u>

经：‘若人言如来，若坐若卧，是人不解我所说义。如来者，无所从来，亦无所去，故名如来。’无所从来，曰生；亦无所去，曰灭。若无生灭，而是如来清静禅；诸法空，即是坐。”大师告言：“中使！道毕竟无得无证，岂况坐禅？”薛简云：“简至天庭，圣人必问，伏愿和上指授心要，将传圣人及京城学道者，如灯转照，冥者皆明，明明无尽。”大师云：“道无明暗，明暗是代谢之义。明明无尽，亦是有尽，相待立名。净名经云：‘法无有比，无相待故。’”薛简云：“明譬智慧，暗喻烦恼，修道之人，若不用智慧照生死烦恼，何得出离？”大师云：“烦恼即菩提，无二无别。汝见有智慧为能照，此是二乘见解，有智之人悉不如是。”薛简云：“大师，何者是大乘见解？”大师云：“涅槃经云：‘明与无明，凡夫见二，智者了达，其性无二，无二之性，即是实性。’实性者，即是佛性。佛性在凡夫不减，在贤圣不增，在烦恼而不垢，在禅定而不净，不断不常，不来不去，亦不中间及内外，不生不灭，性相常住，恒不变易。”薛简问：“大师说不生不灭，何异外道？外道亦说不生不灭。”大师答曰：“外道说不生不灭，将生止灭，灭犹不灭。我说本自无生，今即无灭，不同外道。外道无有奇特，所以有异。”大师告薛简曰：“若欲将心要者，一切善恶，都无思量，心体湛寂，应用自在。”薛简于言下大悟，云：“大师，今日始知佛性本自有之，昔日将为大远，今日始知至道不遥，行之即是。今日始知涅槃不远，触目菩提。今日始知佛性不念善恶，无思、无念，无知、无作、不住。今日始知佛性常住不变，不为诸恶所迁。”中使薛简礼辞大师，将表赴京。

高宗大帝赐磨衲袈裟一领及绢五百疋，敕书曰：“敕师老疾，为朕修道，国之福田。师若净名，托疾金粟，阐弘大法，传诸

坛经校释

152

佛心,谈不二之说;杜口毗耶,声闻被呵,菩萨辞退。师若此也。薛简传师指授如来智见,善恶都莫思量,自然得入,心体湛然常寂,妙用恒沙。朕积善馀庆,宿种善因,得值师之出世,蒙师惠顿上乘佛心第一。朕感荷师恩,顶戴修行,永永不朽。奉磨衲袈裟一领,绢五百疋,供养大师。神龙三年四月二日下。"

又,神龙三年十一月十八日,敕下韶州百姓,可修大师中兴寺佛殿,及大师经坊,赐额为法泉寺。大师生缘新州故宅为国恩寺。延和元年,大师归新州修国恩寺。诸弟子问:"和上修寺去,卒应未归此,更有谁堪谘问?"大师云:"翁山寺僧灵振,虽患脚跛,心里不跛,门人谘请振说法。"又问:"大师何时得归?"答曰:"我归无日也。"

大师在日,景云二年先于曹溪造龛塔。后先天二年七月,廊宇犹未毕功,催令早了:"吾当行矣。"门人犹未悟意。某年八月,大师染疾,诸门人问:"大师,法当付嘱阿谁?"答:"法不付嘱,亦无人得。"神会问:"大师,传法袈裟,云何不传?"答云:"若传此衣,传法之人短命;不传此衣,我法弘盛,留镇曹溪。我灭度七十年后,有东来菩萨:一在家菩萨,修造寺舍;二出家菩萨,重建我教。"门徒问大师曰:"云何传此衣短命?"答曰:"吾持此衣,三遍有刺客来取吾命,吾命如悬丝。恐后传法之人被损,故不付也。"大师力疾,劝诱徒众,令求道忘身,唯勤加行,直趣菩提。某月三日,奄然端坐迁化,春秋七十有六。灭度之日,烟云暴起,泉池枯涸,沟涧绝流,白虹贯日。岩东忽有众鸟数千,于树悲鸣。又,寺西有白气如练,长一里馀,天色清朗,孤然直上,经于五日乃散。复有五色云,见于西南。是日,四方无云,忽有数阵凉风,从西南飚入寺舍,俄而香气氛氲,遍满廊宇。地皆振动,山崖崩颓。大师新州亡广果寺,寺西虹光三道,经于旬日。又,寺前城头庄有虹光,经一百日。众鸟悲鸣,泉水如稠泔汁,不流数日。又,翁山寺振禅师,于房前与众人夜间说法,有一道虹光从南来入房,禅师告众人曰:"和上多应新州亡也,此虹光是和上之灵瑞也。"新州寻有书报亡,曹溪门徒发哀,因虹光顿谢,泉水渐流。书至翁山,振禅师闻哀,设三七斋,于夜道俗毕集,忽有虹光从房而出,振禅师告众人曰:"振不久住也。经云:'大象既去,小象亦随。'"其夕中夜,卧右胁而终也。

曹溪门人迎大师全身归曹溪。其时,首领不肯放,欲留国恩寺起塔供养。时门人僧崇一等见刺史论理,方还曹溪。大师头颈,先以铁鍱封裹,全身胶漆。其年十一月十三日,迁神入龛。至开元二十七年,有刺客来取头,移大师出庭中,刀斩数下,众人唯闻铁声,惊觉,见一孝子奔走出寺,寻迹不获。

大师在日,受戒、开法、度人,三十六年,先天二年壬子岁灭度,至唐建中二年,计当七十一年。其年,众请上足弟子行滔守所传衣。经三十五年,有殿中侍御史韦据为大师立碑。后北宗俗弟子武平一,开元七年磨却韦据碑文,自著武平一文。

开元十一年有潭州瑝禅师曾事忍大师,后时归长沙禄山寺。常习坐禅,时时入定,远近知闻。时有大荣禅师,住曹溪,事大师经三十年。大师常语荣曰:"汝化众生得也。"荣即礼拜归北,路过瑝禅师处,荣顶礼问瑝曰:"承和上每入定,当入定时,为有心耶?为无心耶?若有心,一切众生有心,应得入定;若无心,草木瓦砾亦应入定。"瑝答曰:"我入定,无此有无之心。"荣答曰:"若无有无之心,即是常定,常定即无出入。"瑝即无对。瑝问:"汝从能大师处来,大师以何法教汝?"荣答曰:"大师教荣,不定不乱,不坐不禅,是如来禅。"璜于言下便悟去:五蕴非有,六尘体空,非寂非照,离有离空,中间不住,无作无功,应用自在,佛性圆通。叹曰:"我三十年来,空坐而已。"往曹溪,归依大师学道。世人传璜禅师三十年坐禅,近始发心修道。景云二年,却归长沙旧居,二月八日夜悟道。其夜,空中有声,告合郭百姓:"璜禅师今夜得道。"皆是能大师门徒也。

………

(节录自续藏经第二编乙第十九套第五册)

附:坛经考之一（跋曹溪大师别传）

胡　适

坛
经
校
释

曹溪大师别传一卷，中国已无传本。此本是日本所传，收在续藏经二编乙十九套第五册，页四八三—四八八。有日本僧祖芳的书后云：

> 昔于东武获曹溪大师别传，曩古传教大师从李唐手写赍归，镇藏叡岳……传末有"贞元十九二月十九日毕，天台最澄封"之字，且搭朱印三个，刻"比叡寺印"四字。贞元十九，当日本延历二十年乙酉也。大师（惠能）迁寂乃唐先天二年，至于贞元十九年，得九十一年。谓坛经古本湮灭已久，世流布本宋后编修，诸传亦非当时撰。唯此传去大师谢世不远，可谓实录也，而与诸传及坛经异也……惜乎失编者之名。考请来进官录曰"曹溪大师传一卷"是也。宝历十二年壬午（乾隆二十七年，西历一七六二年）。

祖芳此序颇有小错误。贞元十九（八○三）当日本延历二

156

十二年癸未,乙酉乃延历二十四年。先天二年(七一三)至贞元十九年,得九十年。此皆计算上的小误。最可怪者,据传教大师全集别卷所收的叡山大师传,最澄入唐,在贞元二十年(八〇四),其年九月上旬始往天台。如何能有"贞元十九二月十九日毕,天台最澄封"的题记?

祖芳又引最澄"请来进官录"有曹溪大师传一卷,今检传教大师将来目录(全集卷四)有两录:一为台州录,一为越州录。曹溪大师传一卷乃在越州录之中。越州录中经卷皆贞元二十一年在越州所抄写,更不会有"天台最澄"的题记。

然祖芳之跋似非有心作伪。按台州录之末有题记,年月为"大唐贞元贰拾壹年岁次乙酉贰月朔辛丑拾玖日乙未"。

大概祖芳一时记忆有误,因"二月十九日"而误写二十一年为十九年,又误记"天台"二字,遂使人生疑了。

我们可以相信此传是最澄于贞元二十一年在越州抄写带回日本的本子。以下考证此传的著作时代及其内容。

此传作者不知是谁,然可以考定他是江东或浙中的一个和尚,其著作年代为唐建中二年(七八一),在慧能死后六十八年。传中有云:

> 大师在日,受戒、开法、度人,三十六年,先天二年壬子岁灭度,至唐建中二年,计当七十一年。

先天二年至建中二年,只有六十八年。但作者忽用建中二年为计算年数的本位,却很可注意。日本忽滑谷快天先生(禅学思想史上,三八二)说此句可以暗示别传脱稿在此年。忽滑谷先生的话甚可信,我可代他添一个证据。此传说慧能临死时,对门人说一则"悬记"(预言):

我灭度七十年后,有东来菩萨:一在家菩萨,修造寺舍;二出家菩萨,重建我教。

七十年后的预言,与后文所记"至建中二年,计当七十一年"正相照应。作传的人要这预言验在自己身上,却不料因此暗示成书的年代了。大概作者即是预言中的那位"出家菩萨",可惜他的姓氏不可考了。

何以说作者是江东或浙中的和尚呢?因为预言中说是"东来菩萨",而此本作于建中二年,到贞元二十一年(永贞元年,八〇五)最澄在浙中抄得此传时不过二十四年,当时写本书流传不易,抄书之地离作书之地未必甚远;且越州台州也都在东方,正是东来菩萨的家乡。

最可注意的是坛经明藏本(缩刷藏经腾四)也有东来菩萨的悬记,其文如下:

吾去七十年,有二菩萨从东方来,一出家,一在家,同时兴化,建立吾宗,缔缉伽蓝,昌隆法嗣。

此条悬记,今本皆已删去,惟明藏本有此文。明藏本的祖本是北宋契嵩的改本。契嵩的镡津文集中有郎侍郎的六祖法宝记叙,说契嵩得曹溪古本坛经校改俗本,勒成三卷。契嵩居杭州,也在浙中,他所得的"曹溪古本"大概即是这部曹溪大师别传,故有七十年的悬记。

近年坛经的敦煌写本出现于伦敦,于是我们始知道契嵩所见的"文字鄙俚繁杂,殆不可考"的俗本乃是真正古本,而契嵩所得古本决不是真古本。试即举慧能临终时的"七十年"悬记为例,敦煌写本即无此文,而另有一种悬记,其文如下:

上座法海向前言:"大师!大师去后,衣法当付何人?"

大师言："法即付了，汝不须问。吾灭后二十馀年，邪法辽乱，惑我宗旨。有人出来，不惜身命，第佛教是非，竖立宗旨，即是吾正法。衣不合传。"

此悬记甚明白，所指即是神会在滑台大云寺及洛阳荷泽寺定南宗宗旨的事。神会滑台之会在开元二十二年(七三四)，正是慧能死后二十一年。此条悬记可证敦煌本坛经为最古本，出于神会或神会一系之手，其著作年代在开元二十二年以后。神会建立南宗，其功绩最伟大。但九世纪以下，禅宗大师多出于怀让行思两支，渐渐都把神会忘了。契嵩之时，神会之名已在若有若无之间，故二十年的悬记已不能懂了。所以契嵩采取曹溪大师传中的七十年悬记来替代此说。但七十年之记更不好懂，后来遂有种种猜测，终无定论，故今世通行本又把这七十年悬记全删去了。

然而敦煌本的二十年后的悬记可以证坛经最古本的成书年代及其作者；曹溪大师别传的七十年后的悬记和建中二年的年代可以证此传的成书年代及其作者；而契嵩改本的收入七十年的悬记又可以证明他所依据的"曹溪古本"正是这部曹溪大师别传。

我们试取敦煌本坛经和明藏本相比较，可以知道明藏本比敦煌本多出百分之四十(我另有坛经敦煌本考证)。这多出的百分之四十，内中有一部分是宋以后陆续加进去的。但其中有一部分是契嵩采自曹溪大师别传的。今依明藏本的次第，列表如下：

(1)行由第一　自"惠能后至曹溪，又被恶人寻逐"以下至印宗法师讲涅槃经，惠能说风幡不动是心动，以至印宗为惠能剃发,惠能于菩提树下开东山法门——此一大段,约四百馀字,敦煌本没有,是采自曹溪大师别传的。

(2)机缘第七　刘志略及其姑无尽藏一段,敦煌本无,出于别传。

又智隍一段,约三百五十字,也出于别传的瑝禅师一段,但改瑝为智隍,改大荣为玄策而已。

(3)顿渐第八　神会一条,其中有一段,"吾有一物,无头无尾,无名无字,无背无面,诸人还识否",约六十字,也出于别传。

(4)宣诏第九　全章出于别传,约六百多字,敦煌本无。但此章删改最多,因为别传原文出于一个陋僧之手,谬误百出,如说"神龙元年(七〇五)高宗大帝敕曰",不知高宗此时已死了二十二年了! 此等处契嵩皆改正,高宗诏改为则天中宗诏,诏文也完全改作。此诏文今收在全唐文(卷十七),即是契嵩改本,若与别传中的原文对勘,便知此是伪造的诏书。

(5)付嘱第十　七十年后东来二菩萨的悬记,出于别传,说详上文。

又别传有"曹溪大师头颈先以铁鍱封裹,全身胶漆"一语,契嵩采入坛经,敦煌本无。

又此章末总叙慧能一生,"二十四传衣,三十九祝发,说法利生三十七载",也是根据别传而稍有修正。别传记慧能一生的大事如下:

三十四岁,到黄梅山弘忍处得法传衣。

三十四至三十九,在广州四会怀集两县界避难。凡五年。

三十九岁,遇印宗法师,始剃发开法。但下文又说开法受戒时"年登四十"。

七十六岁死,开法度人三十六年。

契嵩改三十四传衣为"二十四传衣",大概是根据王维的碑文中"怀宝迷邦,销声异域……如此积十六载"之文。又改说法三十六年为三十七年,则因三十九至七十六应是三十七年。

以上所记,可以说明曹溪大师别传和坛经明藏本的关系。我曾细细校勘坛经各本,试作一图,略表坛经的演变史:

坛经古本 ——┐　　（一〇五六）　　（一二九一）

（敦煌写本）　│　宋至和三年　　　元至元辛卯

　　　　　　　├契嵩三卷本——宗宝增改本——明藏本

曹溪大师别传 ┘

但曹溪大师别传实在是一个无识陋僧妄作的一部伪书,其书本身毫无历史价值,而有许多荒谬的错误。其中所记慧能的一生,大体用王维的能禅师碑（全唐文三二七）,如印宗法师之事虽不见于坛经古本,而王维碑文中有之,又碑文中也说:

> 则天太后,孝和皇帝,并敕书劝谕,征赴京城。禅师,子牟之心,敢忘凤阙;远公之足,不过虎溪。固以此辞,竟不奉诏。遂送百衲袈裟,及钱帛等供养。

别传敷衍此等事,捏造出许多文件。如印宗一段,则造出说法问答之辞;诏征不起一段,则造出诏敕表文及薛简问法的一大段。试一考证,便可发现许多作伪的痕迹。如神龙元年高宗大帝（高宗早已死了）敕中有云:

> ……安秀二德……再推南方有能禅师,密受忍大师记传,传达磨衣钵,以为法信,顿悟上乘,明见佛性……朕闻如来以心传心,嘱咐迦叶,迦叶展转相传,至于达磨,教被东土,代代相传,至今不绝。师既禀承有依,可往京城

施化。

如果此敕是真的,则是传衣付法的公案早已载在朝廷诏敕之中了,更何用后来的争论? 更何用神会两度定宗旨,四次遭贬谪的奋斗呢? 即此一端便可证明此书作伪的性质了。

传中记弘忍临终付袈裟与慧能,并说:

> 衣为法信,法是衣宗,从上相传,更无别付;非衣不传于法,非法不传于衣。衣是西国师子尊者相传,令佛法不断。法是如来甚深般若,知般若空寂无住,即了法身,见佛性空寂无住,是真解脱。汝可持衣去。

此一段全抄神会的显宗记(敦煌有残本,题为顿悟无生般若颂)的末段,而改为弘忍付法的话。这也是作伪的证据。

至于较小的错误,更是不可胜数。如传中说慧能死于先天二年(七一三),年七十六,则咸亨五年(六七四),慧能应是三十七岁,而传中说:

> 至咸亨五年,大师春秋三十有四。

此一误也。推上去,咸亨元年应是三十三岁,而传作三十,此二误也。神龙元年(七〇五)高宗已死二十二年,而传中有高宗之敕,此三误也。神龙三年(七〇七)武后已死二年了,而传中仍有高宗敕,此四误也。先天二年至建中二年(七八一),应是六十八年,而传中作七十一年,此五误也。传中又说:

> 其年(先天二年),众请上足弟子行滔守所传衣。经三十五年,有殿中侍御史韦据为大师立碑。后北宗俗弟子武平一,开元七年(七一九)磨却韦据碑文,自著武平一文。

先天二年即开元元年,至开元七年只有六年,那有三十五年? 此六误也。传中又云:

上元二年(七六一)十二月……敕曹溪山六祖传袈裟
及僧行滔……赴上都。

乾元二年(七五九)正月一日,滔和上有表辞老疾,遣
上足僧惠象及家人永和送传法袈裟入内……滔和上正月
十七日身亡,春秋八十九。

乾元在上元之前,今先后倒置,此七误也。我疑心原文或
作"乾元元年"下敕,重元字,写作"元二,年"而误作"二年";但
又无二年十二月敕召而同年正月表辞之理,故又改乾字为"上
元二年",遂更误了。下文说袈裟留京七年,永泰元年送回。从
乾元二年(七五九)袈裟至京,到永泰元年(七六五),正是七年。
此可证"上元二年"之当作"乾元元年"。此或是原文不误,而写
者误改了的。

又按王维碑文说:

(忍大师)临终,遂密授以祖师袈裟,而谓之曰:"物忌
独贤,人恶出己。吾且死矣,汝其行乎?"

禅师遂怀宝迷邦,销声异域。众生为净土,杂居止于
编氓;世事是度门,混农商于劳侣。如此积十六载。

弘忍死于咸亨五年(六七四),是年慧能三十七岁。别传说
他是年三十四岁,固是错误。但别传说他咸亨五年三十四岁传
衣得法,仪凤元年(六七六)三十九岁剃发受戒,中间相隔只有
两年,那能长五岁呢? 此八误也。契嵩拘守十六年隐遁的碑
文,故说慧能二十四岁传衣,三十九岁开法,中间隐遁十六年。
但弘忍死于咸亨五年,若慧能二十四岁传衣,则碑文不应说弘
忍临终传法了。若依王维碑文,则慧能开法已在五十二三岁,
开法二十三四年而死,则别传说他说法三十六年,坛经改本说

他说法三十七年,又都是虚造的了。

　　总之,别传的作者是一个无学问的陋僧,他闭门虚造曹溪大师的故事,装上许多年月,俨然像一部有根据的传记了。可惜他没有最浅近的算学知识,下笔便错,处处露出作伪的痕迹。不幸契嵩上了他的当,把此传认作"曹溪古本",采取了不少材料到坛经里去,遂使此书欺骗世人至九百年之久!幸而一千多年前最澄大师留下了这一本,保存至今,使我们可以考证契嵩改本的根据。我们对于那位渡海求法的日本大师,不能不表示很深的谢意。

　　　　　　　　　　　　民国十九年一月七日稿

　　　　　　　(录自胡适论学近著平装本第一集上册)

六祖能禅师碑铭

王　维

　　无有可舍，是达有源；无空可住，是知空本。离寂非动，乘化用常，在百法而无得，周万物而不殆。鼓枻海师，不知菩提之行；散花天女，能变声闻之身。则知法本不生，因心起见，见无可取，法则常如。世之至人，有证于此，得无漏不尽漏，度有为非无为者，其惟我曹溪禅师乎？

　　禅师俗姓卢氏，某郡某县人也。名是虚假，不生族姓之家；法无中边，不居华夏之地。善习表于儿戏，利根发于童心。不私其身，臭味于耕桑之侣；苟适其道，膻行于蛮貊之乡。年若干，事黄梅忍大师，愿竭其力，即安于井臼；素刳其心，获悟于稊稗。每大师登座，学众盈庭，中有三乘之根，共听一音之法。禅师默然受教，曾不起予。退省其私，回超无我。其有犹怀渴鹿之想，尚求飞鸟之迹。香饭未消，弊衣仍覆。皆曰升堂入室，测海窥天。谓得黄帝之珠，堪受法王之印。大师心知独得，谦而不鸣。天何言哉，圣与仁岂敢？子曰："赐也，吾与汝弗如。"临终，遂密授以祖师袈裟，而谓之曰："物忌独贤，人恶出己。吾且死矣，汝其行乎？"

禅师遂怀宝迷邦，销声异域。众生为净土，杂居止于编人；世事是度门，混农商于劳侣。如此积十六载。<u>南海有印宗法师</u>，讲涅槃经。禅师听于座下，因问大义，质以真乘，既不能酬，翻从请益。乃叹曰："化身菩萨，在此色身，肉眼凡夫，愿开慧眼。"遂领其—作徒属尽诣禅居，奉为挂衣，亲自削发。于是大兴法雨，普洒客尘。乃教人以忍，曰："忍者，无生方得，无我始成。于初发心，以为教首。"至于定无所入，慧无所依，大身过于十方，本觉超于三世。根尘不灭，非色灭空；行愿无成，即凡成圣。举足下足，长在道场；是心是情，同归性海。商人告倦，自息化城；穷子无疑，直开宝藏。其有不植德本，难入顿门，妄系空花之狂，曾非慧日之咎。常叹曰："七宝布施，等<u>恒河沙</u>；亿劫修行，尽大地墨。不如无为之运，无碍之慈，宏济四生，大庇三有。"

既而道德遍覆，名声普闻，泉馆卉服之人，去圣历劫；涂身穿耳之国，航海穷年，皆愿拭目于龙象之姿，忘身于鲸鲵之口，骈立于户外，趺坐于床前。林是旃檀，更无杂树；花惟蒼葡，不嗅馀香。皆以实归，多离妄执。九重延想，万里驰诚，思布发以奉迎，愿叉手而作礼。<u>则天太后</u>，<u>孝和皇帝</u>，并敕书劝谕，征赴京城。禅师，<u>子牟</u>之心，敢忘凤阙；<u>远公</u>之足，不过<u>虎溪</u>。固以此辞，竟不奉诏。遂送百衲袈裟，及钱帛等供养。天王厚礼，献玉衣于幻人；女后宿因，施金钱于化佛。尚德贵物，异代同符。

至某载月日，忽谓门人曰："吾将行矣。"俄而异香满室，白虹属地。饭食讫而敷坐，沐浴毕而更衣。弹指不留，水流灯焰；

金身永谢,薪尽火灭。山崩川竭,鸟哭猿啼。诸人唱言,人无眼目;列郡恸哭,世且空虚。某月日,迁神于<u>曹溪</u>,安座于某所。择吉祥之地,不待青乌;变功德之林,皆成白鹤。

呜呼!大师至性淳一,天姿贞素,百福成相,众妙会心。经行宴息,皆在正受;谭笑语言,曾无戏论。故能五天重迹,百<u>越</u>稽首。修蛇雄虺,毒螫之气销;跳矱弯弓,猜悍之风变。畋渔悉罢,蛊酖知非。多绝膻腥,效桑门之食;悉弃罟网,袭稻田之衣。永惟浮图之法,实助皇王之化。

弟子曰<u>神会</u>,遇师于晚景,闻道于中年,广量出于凡心,利智逾于宿学,虽末后供,乐最上乘。先师所明,有类献珠之愿一作顾;世人未识,犹多抱玉之悲。谓余知道,以颂见托。偈曰:

五蕴本空,六尘非有。众生倒计,不知正受。莲花承足,杨枝生肘。苟离身心,孰为休咎? 其一

至人达观,与佛齐功。无心舍有,何处依空? 不著三界,徒劳八风。以兹利智,遂与宗通。其二

愍彼偏方,不闻正法。俯同恶类,将兴善业。教忍断嗔,修慈舍猎。世界一花,祖宗六叶。其三

大开宝藏,明示衣珠。本源常在,妄辙遂殊。过动不动,离俱不俱。吾道如是,道岂在吾。其四

道遍四生,常依六趣。有漏圣智,无义章句。六十二种,一百八喻。悉无所得,应如是住。其五

(录自全唐文卷三二七)

曹溪第六祖赐谥大鉴禅师碑并序

柳宗元

扶风公廉问岭南三年，以佛氏第六祖未有称号，疏闻于上。诏谥大鉴禅师，塔曰灵照之塔。元和十年[1]十月十三日，下尚书祠部符到都府，公命部吏洎州司功掾，告于其祠。幢盖钟鼓，增山盈谷。万人咸会，若闻鬼神。其时学者千有馀人，莫不欣踊奋厉，如师复生；则又感悼涕慕，如师始亡。因言曰：自有生物，则好斗夺，相贼杀，丧其本实，悖乖淫流，莫克返于初。孔子无大位，没以馀言持世。更杨墨黄老益杂，其术分裂。而吾浮图说后出，推离还源，合所谓生而静者。

梁氏好作有为，师达摩讥之，空术益显，六传至大鉴。大鉴始以能劳苦服役，一听其言，言希以究。师用感动，遂受信具，遁隐南海上，人无闻知。又十六年，度其可行，乃居曹溪为人师。会学去来，尝数千人。

其道以无为为有，以空洞为实，以广大不荡为归。其教人

---

〔1〕 唐宪宗（李纯）元和十年（公元八一五年）。

始以性善,终以性善,不假耘锄,本其静矣。<u>中宗</u>闻名,使幸臣再征不能致,取其言以为心术。其说具在,今布天下,凡言禅皆本<u>曹溪</u>。

<u>大鉴</u>去世百有六年,凡治<u>广</u>部而以名闻者以十数,莫能揭其号。乃今始告天子,得大谥,丰佐吾道,其可无辞。

公始立朝,以儒重,刺<u>虔州</u>,都护<u>安南</u>。由海中大蛮夷,连<u>身毒</u>之西,浮舶听命,咸被公德,受旗纛节戟,来莅<u>南海</u>,属国如林,不杀不怒,人畏无噩,允克光于有仁,昭列<u>大鉴</u>,莫如公宜。其徒之老,乃易石于宇下,使来谒辞。其辞曰:

<u>达摩</u>乾乾,传佛语心,六承其授,<u>大鉴</u>是临。劳勤专默,终揖于深,抱其信器,行海之阴。其道爰施,在溪之<u>曹</u>,厖合猥附,不夷其高。传告咸陈,惟道之襃,生而性善,在物而具,荒流奔轶,乃万其趣。匪思愈乱,匪觉滋误,由师内鉴,咸获于素。不植胡根,不耘胡苗,中一外融,有粹孔昭。在帝<u>中宗</u>,聘言于朝,阴翊王度,俾人逍遥。百有六祀,号谥不纪,由<u>扶风公</u>,告今天子。尚书既复,大行乃谋,光于南土,其法再起,厥徒万亿,同悼齐喜。惟师教所被,泊<u>扶风公</u>所履,咸戴天子。天子休命,嘉公德美,溢于海夷,浮图是视。师以仁传,公以仁理,谒辞图坚,永允不已。

（录自<u>全唐文</u>卷五八七）

曹溪六祖大鉴禅师第二碑并序

刘禹锡

元和十一年某月日,诏书追褒曹溪第六祖能公谥曰大鉴。实广州牧马总以疏闻,繇是可其奏。尚道以尊名,同归善善,不隔异教,一字之褒,华夷孔怀,得其所故也。马公敬其事,且谨始以垂后。遂咨于文雄今柳州刺史河东柳君为前碑。后三年,有僧道琳率其徒由曹溪来。且曰:"愿立第二碑,学者志也。"

惟如来灭后,中五百岁而摩腾、竺法兰以经来华,人始闻其言,犹夫重昏之见昒爽。复五百岁而达摩以法来华,人始传其心,犹夫昧旦之睹白日。自达摩六传至大鉴,如贯意珠,有先后而无异同。世之言真宗者,所谓顿门。初达摩与佛衣俱来,得道传付,以为真印,至大鉴置而不传。岂以是为筌蹄邪?刍狗邪?将人人之莫己若,而不若置之邪?吾不得而知也。

按大鉴生新州,三十出家,四十七年而殁,既殁百有六年而谥。始自蕲州东山,从弟五师得授记以归。高宗使中贵人再征,不奉诏,第以言为贡,上敬行之。铭曰:

170

至人之生，无有种类，同人者形，出人者智。蠢蠢南裔，降生杰异，父乾母坤，独肖元气。一言顿悟，不践初地，五师相承，授以宝器。宴坐曹溪，世号南宗，学徒爰来，如水之东。饮之妙药，瘳其暗聋，诏不能致，许为法雄。去佛日远，群言积亿，著空执有，各走其域。我立真筌，揭起南国，无修而修，无得而得。能使学者，还其天识，如黑而迷，仰见斗极。得之自然，竟不可传，口传手付，则碍于有。留衣空堂，得者天授。

（录自<u>全唐文</u>卷六一〇）

附录 曹溪六祖大鉴禅师第二碑

六祖坛经序

依真小师邕州罗秀山惠进禅院沙门惠昕述

坛
经
校
释

　　原夫真如佛性,本在人心,心正则诸境难侵,心邪则众尘易染。能止心念,众恶自亡;众恶既亡,诸善皆备;诸善要备,非假外求。悟法之人,自心如日,遍照十方,一切无碍。见性之人,虽处人伦,其心自在,无所惑乱矣。故我六祖大师,广为学徒,直说见性法门,总令自悟成佛,目曰坛经,流传后学。古本文繁,披览之徒,初忻后厌。余以太岁丁卯,月在姑宾,二十三日辛亥,于思迎塔院,分为两卷,凡十一门,贵接后来同见佛性者。

（录自普慧大藏经四本坛经合刊本）

172

六祖坛经序

宋吏部侍郎郎简述

附录　六祖坛经序

按唐书曰：后魏之末，有僧号达磨者，本天竺国王之子，以护国出家，入南海，得禅宗妙法。自释迦文佛相传，有衣钵为记，以世相付受。达磨赍衣钵航海而来，至梁，诣武帝。帝问以有为之事，达磨不说。乃之魏，隐于嵩山少林寺。以其法传慧可，可传僧璨，璨传道信，信传弘忍，忍传惠能，而复出神秀。能于达磨，在中国为六世。故天下谓之六祖法宝记，盖六祖之所说其法也。

其法乃生灵之大本。人焉，鬼神焉，万物焉，遂与其清明广大者，纷然而大异。六祖悯此，乃谕人欲人自求之，即其心而返道也。然天下之言性命者多矣，若其言之之至详，理之之至当，推之之至悉，而释氏得之矣。若其示之之至直，趋之之至径，证之之至亲，而六祖之于释氏又其得之也。六祖于释氏教，可谓要乎至哉！

今天子开善阁记，谓以本性证乎了义者，未有舍六祖之道

173

而有能至于此者也。是则六祖者，乃三界之慈父，诸佛之善嗣欤！伟乎，惟至圣而能知至道也。

然六祖之说，余素敬之。患其为俗所增损，而文字鄙俚繁杂，殆不可考。会沙门契嵩作坛经赞，因谓嵩师曰："若能正之，吾为出财模印以广其传。"更二载，嵩果得曹溪古本，校之，勒成三卷。璨然皆六祖之言，不复谬妄。乃命工镂板，以集其胜事。至和三年〔1〕三月十九日序。

（录自普慧大藏经四本坛经合刊本）

---

〔1〕 宋仁宗（赵祯）至和二年（公元一〇五八年）。

坛经赞

附
录

坛
经
赞

赞者告也，发经而溥告也。坛经者，至人之所以宣其心也。何心耶？佛所传之妙心也。大哉心乎？资始变化而清净常若。凡然，圣然，幽然，显然，无所处而不自得之。圣言乎明，凡言乎昧。昧也者变也，明也者复也。变复虽殊，而妙心一也。

始释迦文佛以是而传之大龟氏，大龟氏相传之三十三世者，传诸大鉴。六祖谥号大鉴禅师。大鉴传之而益传也。说之者抑亦多端，固有名同而实异者也，固有义多而心一者也。曰血肉心者，曰缘虑心者，曰集起心者，曰坚实心者，若心所之心益多也，是所谓名同而实异者也。曰真如心者，曰生灭心者，曰烦恼心者，曰菩提心者，修多罗其类此者，殆不可胜数，是所谓义多而心一者也。义有觉义，有不觉义；心有真心，有妄心。皆所以别其正心也。方坛经之所谓心者，亦义之觉义，心之实心也。

昔者圣人之将隐也，乃命乎龟氏教外以传法之要意。其人滞迹而忘返，固欲后世者提本而正末也。故涅槃曰："我有无上

175

正法,悉已付嘱摩诃迦叶矣。"天之道存乎易,地之道存乎简,圣人之道存乎要。要也者,至妙之谓也。圣人之道,以要则为法界门之枢机,为无量义之所会,为大乘之椎轮。法华岂不曰:"当知是妙法,诸佛之秘要。"华严岂不曰:"以少方便,疾成菩提。"要乎其于圣人之道,利而大矣哉。是故坛经之宗,尊其心要也。

心乎若明若冥,若空若灵,若寂若惺。有物乎?无物乎?谓之一物,固弥于万物;谓之万物,固统于一物。一物犹万物也,万物犹一物也。此谓可思议也。及其不可思也,不可议也,天下谓之玄解,谓之神会,谓之绝待,谓之默体,谓之冥通。一皆离之遣之,遣之又遣,亦乌能至之?微其果然独得、与夫至人之相似者,孰能谅乎?推而广之,则无往不可也;探而裁之,则无所不当也。施于证性,则所见至亲;施于修心,则所诣至正;施于崇德辩惑,则真妄易显;施于出世,则佛道速成;施于救世,则尘劳易歇。此坛经之宗,所以旁行天下而不厌。彼谓即心即佛浅者,何其不知量也。以折锥探地而浅地,以屋漏窥天而小天,岂天地之然邪?然百家者,虽苟胜之,弗如也。而至人通而贯之,合乎群经,断可见矣。至人变而通之,非预名字,不可测也。故其显说之,有伦有义;密说之,无首无尾。天机利者得其深,天机钝者得其浅。可拟乎?可议乎?不得已况之,则圆顿教也,最上乘也,如来之清净禅也,菩萨藏之正宗也。论者谓之玄学,不亦详乎?天下谓之宗门,不亦宜乎?

坛经曰"定慧为本"者,趣道之始也。定也者静也,慧也者明也。明以观之,静以安之。安其心,可以体心也。观其道,可以语道也。"一行三昧"者,法界一相之谓也。谓万善虽殊,皆正于一行者也。"无相为体"者，尊大戒也；"无念为宗"者，尊大定也；"无住为本"者，尊大慧也。夫戒定慧者，三乘之达道也。夫妙心者，戒定慧之大资也。以一妙心而统乎三法，故曰大也。"无相戒"者，戒其必正觉也。"四弘愿"者，愿度，度苦也；愿断，断集也；愿学，学道也；愿成，成寂灭也。灭无所灭，故无所不断也；道无所道，故无所不度也。"无相忏"者，忏非所忏也。"三归戒"者，归其一也。一也者，三宝之所以出也。说"摩诃般若"者，谓其心之至中也。般若也者，圣人之方便也，圣人之大智也。固能寂之，明之，权之，实之。天下以其寂，可以泯众恶也；天下以其明，可以集众善也；天下以其权，可以大有为也；天下以其实，可以大无为也。至矣哉，般若也。圣人之道，非夫般若不明也，不成也；天下之务，非夫般若不宜也，不当也。至人之为，以般若振，不亦远乎？"我法为上上根人说"者，宜之也。轻物重用则不胜，大方小授则过也。从来"默传分付"者，密说之谓也。密也者，非不言而暗证也，真而密之也。不解此法而辄谤毁，谓百劫千生断佛种性者，防天下亡其心也。

　　伟乎坛经之作也，其本正，其迹效，其因真，其果不谬。前圣也，后圣也，如此起之，如此示之，如此复之，浩然沛乎，若大川之注也，若虚空之通也，若日月之明也，若形影之无碍也，若鸿渐之有序也。妙而得之之谓本，推而用之之谓迹；以其非始者始之之谓因，以其非成者成之之谓果。果不异乎因，谓之正果也；因不异乎果，谓之正因也。迹必顾乎本，谓之大用也；本必顾乎迹，谓之大乘也。乘也者，圣人之喻道也；用也者，圣人之起教也。

　　夫圣人之道，莫至乎心；圣人之教，莫至乎修；调神入道，莫至乎一相止观；轨善成德，莫至乎一行三昧；资一切戒，莫至乎无相;正一切定,莫至乎无念;通一切智,莫至乎无住;生善灭恶,莫至乎无相戒;笃道推德,莫至乎四弘愿;善观过,莫至乎无相忏;正所趣,莫至乎三归戒;正大体,裁大用,莫至乎大般若;发大信,务大道,莫至乎大志;天下之穷理尽性,莫至乎默传;欲心无过,莫善乎不谤。定慧为始,道之基也。一行三昧,德之端也。无念之宗,解脱之谓也。无住之本,般若之谓也。无相之体,法身之谓也。无相戒,戒之最也。四弘愿,愿之极也。无相忏,忏之至也。三归戒,真所归也。摩诃智慧,圣凡之大范也。为上上根人说,直说也。默传,传之至也。戒谤,戒之当也。

夫妙心者,非修所成也,非证所明也,本成也,本明也。以迷明者复明,所以证也;以背成者复成,所以修也。以非修而修之,故曰正修也;以非明而明之,故曰正证也。至人暗然不见其威仪,而成德为行蔼如也。至人颓然若无所持,而道显于天下也。盖以正修而修之也,以正证而证之也。于此乃曰罔修罔证,罔因罔果,穿凿丛脞,竞为其说,缪乎至人之意焉。噫!放戒定慧而必趋乎混茫之空,则吾末如之何也。甚乎含识溺心而浮识,识与业相乘,循诸响而未始息也。象之形之,人与物偕生,纷然乎天地之间,可胜数邪?得其形于人者,固万万之一耳。人而能觉,几其鲜矣。圣人怀此,虽以多义发之,而天下犹有所不明者也。圣人救此,虽以多方治之,而天下犹有所不醒者也。贤者以智乱,不肖者以愚壅,苹(平)平之人以无记惛。及其感物而发,喜之,怒之,哀之,乐之,益蔽者万端,暖然若夜行而不知所至。其承于圣人之言,则计之博之,若蒙雾而望远,谓有也,谓无也,谓非有也,谓非无也,谓亦有也,谓亦无也。以不见而却蔽,固终身而不得其审焉。海所以在水也,鱼龙死生在海，而不见乎水。道所以在心也，其人终日说道，而不见乎心。悲夫！心固微妙幽远，难明难凑，其如此也矣。

圣人既隐，天下百世虽以书传，而莫得其明验。故坛经之宗举，乃直示其心，而天下方知即正乎性命也。若排云雾而顿见太清，若登泰山而所视廓如也。王氏以方乎世书曰："齐一变至于鲁，鲁一变至于道。"斯言近之矣。涅槃曰"始从鹿野苑，终至跋提河，中间五十年，未曾说一字"者，示法非文字也，防以文字而求其所谓也。曰依法不依人者，以法真而人假也。曰依义不依语者，以义实而语假也。曰依智而不依识者，以智至而识妄也。曰依了义经不依不了义经者，以了义经尽理也。而菩萨所谓即是宣说大涅槃者，谓自说与经同也。圣人所谓四人出世即四依也，护持正法，应当证知者。应当证知，故至人推本以正其末也。自说与经同，故至人说经如经也。依义依了义经故，至人显说而合义也，合经也。依法依智故，至人密说变之通之而不苟滞也。示法非文字，故至人之宗尚乎默传也。圣人如春，淘淘而发之也。至人如秋，濯濯而成之也。圣人命之，而至人效之也。至人，固圣人之门之奇德殊勋大也。

夫至人者，始起于微，自谓不识世俗文字，及其成至也，方一席之说而显道救世，与乎大圣人之云为者，若合符契也。固其玄德上智生而知之，将自表其法而示其不识乎？死殆四百年，法流四海而不息。帝王者，圣贤者，更三十世，求其道而益敬。非至乎大圣人之所至，天且厌之久矣，乌能若此也？予固岂尽其道，幸蚊虻饮海亦预其味，敢稽首布之，以遗后学者也。

六祖大师法宝坛经序

古筠比邱德异撰

坛
经
校
释

妙道虚玄，不可思议，忘言得旨，端可悟明。故世尊分座于多子塔前，拈华于灵山会上。似火与火，以心印心。西传四七，至菩提达摩，东来此土，直指人心，见性成佛。有可大师者，首于言下悟入。末上三拜得髓，受衣绍祖，开阐正宗。三传而至黄梅，会中高僧七百，惟负舂居士（按："负舂居士"，有本作"惠能居士"），一偈传衣，为六代祖。南遁十馀年，一旦以非风幡动之机，触开印宗正眼。居士由是祝发登坛，应跋陀罗悬记，开东山法门。韦使君命海禅者录其语，目之曰法宝坛经。

180

大师始于五羊，终至（按："至"，有本作"于"）曹溪，说法三十七年，沾甘露味、入圣超凡者，莫记其数。悟佛心宗、行解相应、为大知识者，名载传灯。惟南岳、青原执侍最久，尽得无巴鼻；故出马祖、石头，机智圆明，玄风大震。乃有临济、沩仰、曹洞、云门、法眼诸公，巍然而出。道德超群，门庭险峻，启迪英灵衲子，奋志冲关，一门深入，五派同源。历遍炉锤，规模广大。原其五家纲要,尽出坛经。

夫坛经者,言简义丰,理明事备,具足诸佛无量法门。一一法门,具足无量妙义;一一妙义,发挥诸佛无量妙理。即弥勒楼阁中,即普贤毛孔中,善入者即同善财,于一念间,圆满功德,与普贤等,与诸佛等。惜乎坛经为后人节略太多,不见六祖大全之旨。德异幼年尝见古本,自后遍求三十馀载,近得通上人寻到全文,遂刊于吴中休休禅庵,与诸胜士,同一受用(按:"用",有本作"嘱")。惟愿开卷举目,直入大圆觉海,续佛祖慧命无穷。斯余志愿满矣。至元二十七年庚寅岁,中春日叙。

(录自普慧大藏经四本坛经合刊本)

跋

宗宝撰

　　六祖大师平昔所说之法，皆大乘圆顿之旨，故目之曰经。其言近指远，词坦义明，诵者各有所获。明教嵩公常赞云："天机利者得其深，天机钝者得其浅。"诚哉言也。

　　余初入道，有感于斯，续见三本不同，互有得失，其板亦已漫灭。因取其本校雠，讹者正之，略者详之，复增入弟子请益机缘，庶几学者得尽曹溪之旨。按察使云公从龙，深造此道。一日过山房，睹余所编，谓得坛经之大全。慨然命工锓梓，颛为流通，使曹溪一派不至断绝。

　　或曰："达磨不立文字，直指人心，见性成佛，卢祖六叶正传，又安用是文字哉？"余曰："此经非文字也，达磨单传直指之指也。南岳、青原诸大老，尝因是指以明其心，复以之明马祖、石头诸子之心。今之禅宗流布天下，皆本是指。而今而后，岂无因是指而明心见性者耶？"问者唯唯，再拜，谢曰："予不敏，请

182

并书于经末,以诏来者。"至元辛卯[1]夏,南海释宗宝跋。

（录自普慧大藏经四本坛经合刊本）

---

〔1〕 元世祖(忽必烈)至元二十八年(公元一二九一年)。

重锓曹溪原本法宝坛经缘起（节录）

王起隆

余家藏有<u>万历</u>元年癸酉<u>李见罗</u>先生重刻<u>曹溪法宝坛经</u>原本一帙，先居士<u>秀川公</u>手泽存焉。其本之善，段络浑成，理趣周匝，视诸方刻本绝异。童习迄今，珍逾拱璧。今夏携过<u>研山</u>，偕<u>道一主人</u>展阅。适有<u>楞严经坊</u>所刻方册<u>坛经</u>在案，取一对之，则窜易颠倒，增减删改，大背谬于原本，未有如是极者。盖<u>至元</u>辛卯<u>元</u>僧<u>宗宝</u>改本，而<u>径山寂照庵</u>于<u>万历</u>己酉刊行者也。

夫佛门宗印，一<u>丝</u>不得走移；祖师言句，一字不容增减。<u>坛经</u>开顿教门，五宗之所自出，固佛祖心髓也。可窜易乎？可颠倒乎？可增减删改乎？自<u>至元</u>迄今，三百馀年矣。即<u>万历</u>己酉迄今，亦四十四年矣。东南所行<u>坛经</u>，罕见<u>曹溪</u>原本，概多<u>宗宝</u>方册。方册改本之云雾不除，<u>曹溪</u>原本之杲日青霄何从见仰，洵可悲可痛！必先商流通原本，方可徐议销毁改本也。<u>道一主人</u>护持祖命，念切救头，当以原本立付剞劂。复属余字栉句比，详明楷定，以告诸方。余非乐为索瘢，要惟千秋法宝，明晦攸

184

关,何敢安于袭舛?

　　窃谓宗宝之自用自专,大舛大错,当以佛法四谤定之。佛祖建立一切法,后人增一字为增益谤,减一字为减损谤,紊一字为戏论谤,背一字为相违谤。四谤不除,即百非俱起,退众生心,堕无间罪业,不通忏悔矣。宗宝之于坛经,按之四谤,实无所不有。数其大端:更窜标目,割裂文义,颠倒段络,删改字句。其胆甚狂,其目甚眯,安得再迟鸣鼓之攻哉!

　　考祖二十四传衣,三十九祝发,说法利生三十七载,门人法海等录为坛经。然坛经付嘱流通,文中载祖将顺世时,示门人法海等曰:"我于大梵寺说法以至于今,抄录流行,目曰法宝坛经,汝等守护,递相传授。"据此,则法宝坛经四字,为祖所自立。抄录虽属门人,全文实祖自鉴定矣。可一字更易耶……宗宝于宗门向上佛祖慧命事,全然望洋。再读其跋语,有曰"余初入道,有感于斯,续见三本不同,互有得失,其板亦已漫灭。因取其本校仇,讹者正之,略者详之"云云。夫坛经非文字,乃祖意佛心。曰"初入道,有感于斯",已为悠悠浮泛大不中理之谈矣。"讹者正之",是其减损;"略者详之",是其增益。曰"三本不同",曰"其板漫灭",是其明知信臆改窜、相违戏论,亦有不安于心,以数语为遁逃重业之饰辞也。又见陆五台先生有刻坛经一跋云:"坛经,乃曹溪弟子法海集,元僧宗宝衮益成书,微言具在。惟科门、对法,辞多不伦。存之,问知道者。"是五台亦未得见曹溪原本,而曰"衮益成书",曰"科门、对法不伦",曰"存之问知道",固阅之不安于心,危疑不定之微词也。或者曰:"破句读楞严,不妨得悟;近且有为坛经节文者矣,何子断断不置,如老吏勘狱之为?"余应之曰:"悲乎!子之言。祖庭草满,佛日沉山，宗灯熄焰。干城正法之士，虽损头目脑髓以争，乌能已也？坛经，五宗宗印，流出现量祖心，如起世界之山河既定，为巨室之梁柱已安，宗宝之徒，不知妄作，乃以萤火上薄太阳，可任其存留，作舞文法宝之俑，开迷悟众生之罪耶？古德错下转语，罚作野狐；昭明科分金刚，苦受地狱。坛经宗趣，无欠无馀，有何有馀可节？有何不足可文？此亦宗宝之盲盲相引者。六祖常寂光中，其安之耶？"今与道一主人矢愿梓传，其经坊方册旧板，愿为文明告六祖，公请销毁，免留为紫朱苗莠之殃。此六祖于大光明之日，余得借以慰先居士夙心，成一大时节因缘，龙天实鉴之矣。玄默执徐且月既望，秀水参学曹溪弟子西池王起隆薰沐敬识。

（节录自普慧大藏经四本坛经合刊本）

后 记

本校释在写作过程中,除了得到中国社会科学院世界宗教研究所张新鹰、夏梁铨、杨曾文、罗炤等同志和上海社会科学院宗教研究所业露华同志的大力协助外,还得到了中华书局严健羽、王国轩同志和北京市中医学会董绍明同志等的热情帮助,谨此致谢。

郭　朋

一九八二年五月